U0549024

环境规制作用下我国工业企业的产能过剩治理研究

Research on Overcapacity Governance of Chinese Industrial Enterprises under Environmental Regulation

杜威剑 著

中国财经出版传媒集团

国家社科基金后期资助项目
出版说明

后期资助项目是国家社科基金设立的一类重要项目，旨在鼓励广大社科研究者潜心治学，支持基础研究多出优秀成果。它是经过严格评审，从接近完成的科研成果中遴选立项的。为扩大后期资助项目的影响，更好地推动学术发展，促进成果转化，全国哲学社会科学工作办公室按照“统一设计、统一标识、统一版式、形成系列”的总体要求，组织出版国家社科基金后期资助项目成果。

全国哲学社会科学工作办公室

前　言

2008 年全球金融危机以来，国内外有效需求紧缩与过度依赖投资拉动的发展模式使得我国产能过剩问题凸显，严重制约了行业内结构调整与企业间资源配置。2015 年中央经济工作会议将“去产能”列为我国经济发展的五项任务之首，2017 年底中共十九大报告指出，“十三五”期间要坚持去产能，优化存量资源配置，扩大优质增量供给。2019 年，习近平总书记在第十三届全国人民代表大会第二次会议上提出，扎实推进供给侧结构性改革，打通去产能的制度梗阻。与此同时，生态环境作为公共产品的一种，具有非排他和非竞争的属性，会造成生态环境的过度消耗，并且生态环境的价格扭曲使得企业通常忽视污染成本，未将其计入生产成本之内，这也是导致生产规模盲目扩张与产能过剩现象的重要原因。环境规制政策能够通过建立反映环境稀缺程度的价格制度，充分发挥市场在资源配置中的决定性作用，从源头防范和淘汰不符合环境标准的过剩产能，有利于从根本上打破“过剩、干预、再过剩、再干预”的怪圈。

微观企业演化是宏观产能变化的过程，宏观产能变化是微观企业演化的结果。企业不断进入、成长、衰落和退出市场的动态演化过程构成了宏观产能变化的微观基础。环境规制作为外生冲击作用于企业演化的不同阶段，影响着企业的演化效率。如何促进企业健康有效地动态演化、提升企业的演化效率，直接决定着我国过剩产能治理的效果，是环境规制化解产能过剩的重要途径。本书采用“理论推导→实证检验→政策优化”的逻辑思路展开研究，从企业演化视角探究环境规制作用下产能过剩的治理机制与治理路径，打开环境规制作用下微观企业演化的“黑箱”。

本书共分为九章。第一章为导论，分别介绍了研究背景与学术价值、研究思路与方法以及可能的创新点。第二章归纳总结现有文献，从环境规制政策研究、产能过剩问题研究、环境规制对产能治理的影响研究三个方面对相关文献进行了梳理。第三章基于中国宏观和微观数据的匹配，分别建立了环境规制与产能过剩的指标体系，回顾了我国环境规制政策的发展，分析了我国工业企业产能过剩的现状。第四章在异质性企业理论框架下，通过理论阐释与数理推导探究了环境规制作用下产能过剩的治理机制，以企业演化过程为主线分析了环境规制对于企业决策的影响，分别建立产能积累、产能升级与产能淘汰的数理模型。第五章从企业进入视角探究了环境规制与新生产能积累的关系，分别从企业进入决策和初始规模两个方面讨论环境规制的影响。第六章从企业存续视角探究了环境规制与在位产能升级的关系。一方面考察了环境规制如何影响存续企业的产能利用率，另一方面分析了环境规制对各行业内企业产能利用率分布的影响程度。第七章从企业退出视角探究了环境规制与落后产能淘汰的关系。一方面考察了环境规制如何影响“僵尸企业”的市场出清，另一方面分析了环境规制对落后产能企业退出的影响。第八章分析了环境规制政策工具的异质性影响与不同产能治理路径的贡献度。一方面，构建了命令控制型、市场激励型与公众参与型政策工具以检验政策异质性对产能过剩治理的影响，另一方面，客观评估了环境规制作用下产能积累、产能升级与产能淘汰等不同治理路径的贡献度。第九章为结论与政策启示，在归纳主要研究结论的基础上，从环境规制方式、环境规制传导路径、环境规制对象等方面提出相关利益群体自发实现环境保护与产能治理均衡发展的政策设计，促进环境保护与产能治理的协同发展。

本书的主要结论包括：第一，在企业进入阶段，环境规制能够降低企业市场进入概率与缩小进入企业的初始规模，进而抑制新生产能的积累；第二，在企业存续阶段，环境规制能够提升企业产能利用率与改善产能利用率分布，进而提升产能效率，促进产能升级；第三，在企业退出阶段，环境规制能够促进“僵尸企业”出清和落后产能企业退出，进而加速落后产能淘汰；第四，在企业演化的各个阶段，环境规制对污染密集型企业与清洁型企业的影响存在不对称性，能够通过提高清洁型企业的市场份额，促进我国的产能清洁转型与结构升级；第五，不同环境规制工具在产能积累、产能升级、产能淘汰等不同治理路径存在异质性影响，相比于公众参与型政策，现阶段我国命令控制型与市场激励型政策工具更为有效；第六，环境规制提升在位产能效率是现阶段我国产能过剩治理的主要路径，环境规制抑制新生产能积累对现阶段我国产能过剩治理的贡献度次之，环境规制加速落后产能淘汰对现阶段我国产能过剩治理的贡献度较小。

目　　录

第一章　导　　论

第一节　研究背景与学术价值

一、研究背景

（一）我国产能过剩问题亟待解决

近年来中国政府针对经济形势的判断从“三期叠加”到“新常态”，再到“供给侧结构性改革”，无不将“去产能”列为经济改革与发展的重要任务。2017 年底中共十九大报告强调，大力破除无效供给、推动化解产能过剩成为未来供给体系质量提升的重要内容；2019 年 3 月，习近平总书记在第十三届全国人民代表大会第二次会议上提出，扎实推进供给侧结构性改革，要以“破、立、降”为主攻方向，打通去产能的制度梗阻。当前中国经济正处于结构调整与转型升级的关键时期，产能过剩导致的生产资源低效配置与大量闲置，成为制约我国经济高质量发展的“瓶颈”。

（二）以环境规制作为我国产能过剩治理手段的优势

生态环境作为公共产品的一种，具有非排他和非竞争的属性，会造成生态环境的过度消耗，并且生态环境的价格扭曲使得企业通常忽视污染成本，未将其作为企业决策考量的因素之一。生态环境成本的忽视也会造成企业规模的盲目扩张，最终导致产能过剩的现象。此外，我国污染密集行业与产能过剩行业具有高度的重合性，在工信部公布的产能严重过剩行业名单中，炼钢、炼铁、平板玻璃、化纤、制革及电解铝等高污染、高能耗行业名列其中。环境规制能够通过建立真实反映环境稀缺程度的价格制度，防范和淘汰不符合环境标准的过剩产能，有利于从根本上打破“过剩、干预、再过剩、再干预”的怪圈，从而建立产能过剩治理的长效机制。

（三）从企业演化视角打开环境规制作用下产能过剩治理的“黑箱”

微观企业演化是宏观产能变化的过程，宏观产能变化是微观企业演化的结果。企业不断进入、成长、衰落和退出市场的动态演化过程构成了宏观产能变化的微观基础。基于企业演化过程，目前我国产能过剩主要表现为新增产能过度积累、在位产能低效利用、落后产能尚未退出。环境规制作为外生冲击作用于企业演化的不同阶段，影响着企业的演化效率。如何促进企业健康有效地动态演化、提升企业的演化效率，直接决定着我国产能治理的效果，是环境规制化解产能过剩的重要途径。

二、学术价值

基于上述背景，本书拟构建“环境规制－企业演化－产能治理”的分析框架，从企业演化视角，探究环境规制作用下产能过剩的治理问题，为相关部门提供政策依据与决策参考。

（一）理论价值

（1）以环境规制为约束，构建产能过剩防范和化解的长效机制，深化了产能过剩治理的理论研究。以环境规制方式推动产能过剩治理，能够更好地制约在增长目标和投资刺激下过剩产能的持续产生，为产能过剩的治理研究提供了新的思路。

（2）搭建产能治理与企业演化的宏微观联系，揭示了宏观经济现象背后的微观机理。面对环境规制冲击时，企业作为经济活动的微观主体，其进入、成长、衰落与退出等动态演化过程直接关系到我国产能过剩的治理情况，与直接考察宏观经济结果相比，对微观企业演化过程的关注尤为必要。

（二）应用价值

（1）以各行业内企业产能指标体系为基础，综合评估产能过剩状况，有利于进一步调整与完善我国产能过剩的行业名录。产能过剩行业的划分直接关系到中央宏观政策与地方经济发展，精确测度我国产能过剩总体状况与分布特征，能够降低企业风险，优化产业结构。

（2）从企业个体层面考察环境规制作用下产能过剩的治理问题，有利于提高政策制定的针对性和实施的有效性。本书的研究将有助于相关政府部门依据企业演化过程与演化效率，制定差异化的调控方案，完善我国环境规制与产能治理体系。

第二节　研究思路与方法

一、研究思路

本书主要内容涉及环境规制作用下产能过剩的治理机制、治理路径与政策优化，如图 1.1 所示。

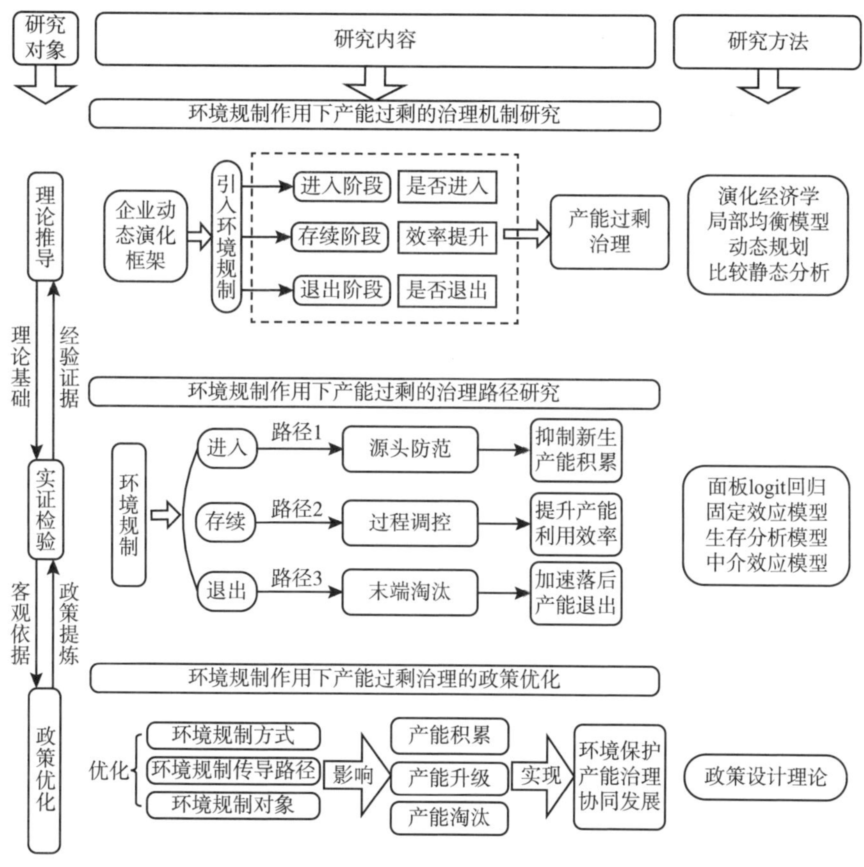

图 1.1　研究思路

（一）治理机制

探究环境规制作用下企业行为决策与动态演化规律，对环境规制影响产能过剩治理的微观机理予以数理推导与理论阐释（本书第四章）。

（二）治理路径

构建微观计量模型，从企业进入、企业存续与企业退出的动态演化视角实证检验异质性环境规制对我国产能积累、产能升级与产能淘汰的影响程度与贡献度（本书第五章至第八章）。

（三）政策优化

结合理论推导与经验分析的结果，提出环境规制促进产能过剩治理的对策建议（本书第九章）。

二、研究方法

本书采用理论推导、实证分析、对策研究“三位一体”的综合分析方法，进行系统的研究。

（一）理论推导

依据演化经济学，分别构建企业进入阶段、存续阶段与退出阶段的局部均衡模型。在企业进入阶段，以环境规制提高企业进入门槛作为基本假设，构建企业是否进入市场的产能积累模型。在企业存续阶段，以环境规制引致在位企业生产成本上升作为基本假设，构建企业效率提升的产能升级模型。在企业退出阶段，以环境规制提高企业存活门槛作为基本假设，构建“僵尸企业”与落后产能企业何时退出市场的产能淘汰模型。在企业追求利润最大化的基本假设下，采用汉密尔顿函数最优化、古典变分法等最优控制方法，以及比较静态分析等数理经济学研究方法，分析环境规制作用下不同阶段企业的行为决策，从企业演化的不同阶段，解构环境规制作用下产能过剩的治理机制。

（二）实证分析

（1）采用离散时间生存分析与面板受限因变量模型，以规避样本期内企业未退出而导致的“右删失”问题和降低产能利用率双截尾特征方程的估计误差。

（2）采用工具变量法，分别利用历史数据和模型内部依存关系构建适合的工具变量，以克服环境规制与产能过剩变量之间的内生性问题。

（3）采用中介效应模型，通过构建中介变量，检验环境规制影响企业产能过剩治理的传导途径。

（三）对策研究

基于政策设计理论，以环境规制影响产能过剩治理的理论推导与实证分析为基础，构建环境保护与产能治理协同发展的政策框架，从环境规制方式、传导路径、规制对象三个方面寻求经济发展、环境保护与产能治理的相对平衡区间，提出相关利益群体自发实现环境保护与产能治理均衡发展的政策设计。

第三节 可能的创新点

一、产能治理框架的完善

在产能过剩框架下引入环境政策冲击，以环境规制作为产能治理的内在激励，从源头防范和淘汰不符合环境标准的过剩产能，完善了产能治理的研究框架。环境规制能够通过对企业施加环境约束，纠正环境要素价格，将环境成本纳入企业生产成本，倒逼企业调整行为决策，促进产能过剩的化解。然而，现有文献主要从经济周期与政府干预考察产能过剩的治理机制，关于环境规制与产能过剩治理问题的研究尚未形成系统的分析框架。针对这一研究缺口，本书试图以环境规制作为我国产能过剩的治理手段，充分发挥市场在资源配置中的决定性作用。因此，以环境规制为约束分析产能过剩治理问题具有可持续性，是对现有产能研究框架的完善。

二、现有研究视角的扩展

从企业演化视角解构环境规制作用下产能过剩的治理问题，为宏观层面产能过剩的治理问题寻求微观证据，扩展了现有的研究视角。企业不断地进入、成长和退出市场的动态演化过程构成了宏观产能变化的微观基础，研究落脚点在于微观层面的企业，因为其一方面是环境规制的直接对象，另一方面也是产能过剩治理的主体。然而，现阶段关于环境规制与产能过剩治理的研究主要集中于国家、地区或行业等宏观层面，分析中将众多分类相同的企业作为一个整体来看待，缺少对微观企业演化过程与行为决策的分析。针对这一研究缺口，本书将环境规制作用下宏观产能过剩治理问题分解至微观企业层面，从企业进入、存续与退出的动态演化视角，探究环境规制抑制新生产能积累、提升产能利用效率、加速落后产能淘汰等不同治理路径的有效性，打开环境规制作用下产能过剩治理的“黑箱”。因此，从企业演化视角考察我国产能过剩问题，有利于揭示宏观经济现象背后的微观机理，是对现有研究视角的扩展。

三、研究方法的应用创新

运用演化经济学、微观计量与政策设计机制等研究方法，考察了环境规制作用下产能过剩的治理机制与治理路径，实现了研究方法的应用创新。理论阐释层面，依据企业不同演化阶段特征构建局部均衡模型，基于动态规划方法、最优控制方法与比较静态分析，推导得到模型的均衡解与理论命题，提高理论阐释的严谨性。经验分析层面，考虑到产能利用率变化的截尾特征、退出阶段的“右删失”问题，分别采用受限因变量模型（Tobit）与离散时间生存分析模型，以提高实证研究结果的可信性与稳健性。政策优化层面，从环境规制方式、传导路径与规制对象等方面，提出环境规制政策强度与政策工具的有效组合，以提高政策实施的针对性与有效性。

第二章　环境规制与产能治理：文献述评

本书涉及的研究领域主要包括环境规制政策研究、产能过剩问题研究以及环境规制对产能治理的影响研究三个方面。

第一节　环境规制政策研究

随着人们对环境问题的重视，环境规制成为不同领域学者关注的热点问题。结合本书研究的需要，本节将从环境规制政策的理论基础、研究假说与效应分析三个方面对现有文献进行梳理与归纳，如图 2. 1 所示。

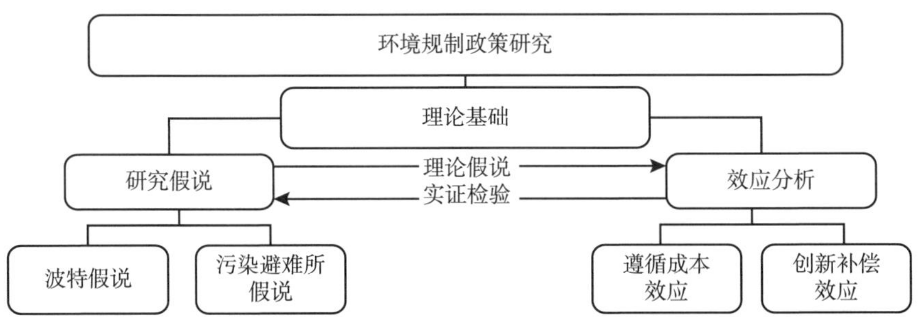

图 2. 1　环境规制政策研究的脉络梳理

一、环境规制政策的理论基础

环境规制思想源于经济学家对环境问题的思考。庇古（Pigou，1920）的福利经济学理论、科斯（Coase，1972）的产权理论，可以视为环境政策研究的理论依据。庇古（Pigou，1920）主张政府利用征税等手段达到优化配置资源、解决环境问题的目的，而科斯（Coase，1972）认为只要交易成本为零，资源的配置就不会受到不同产权分配方式的影响。现实中，由于环境问题的负外部性（Chen et al.，2015；Zhao et al.，2014）和环境产权的不明晰（Goldstein and Hudak，2017；Harstad，2015），仅靠市场机制难以彻底解决环境污染问题，需要政府通过环境政策工具进行调节，实现环境治理目标（Bodin，2017）。目前，环境规制类型主要包括命令控制型、市场激励型、公众参与型（Cheng et al.，2017；Zhao et al.，2015），测度方法包括单一指标（Cole and Elliott，2003；张成等，2011）、综合赋值（傅京燕和李丽莎，2010；沈坤荣和周力，2020）和自然实验（Greenstone and Hanna，2014）。

二、环境规制政策的研究假说

（一）污染避难所假说

新古典学派的环境经济学家认为，环境规制将环境影响转化成了环境成本，降低了区域的比较优势，使得部分污染密集型产业向环境规制较低的地区与国家转移，即“污染避难所假说”（Copeland and Taylor，1994）。奥利维雷（Ollivier，2016）基于非合作框架考察本地污染对于不同地区福利的影响，研究发现环境规制的不对称会使得部分地区在污染密集行业具有比较优势进而增加本地污染。汤维祺等（2016）从减排目标、排放权分配等方面分析了环境规制的“污染避难所假说”，研究认为适当的环境规制强度与方式选择能够降低地区产业转移，实现区域协调发展。

（二）波特假说

波特和范德林德（Porter and van der Linde，1995）提出“波特假说”，认为合理设计的环境规制能够引致创新，从而部分或完全抵消由环境规制所带来的成本上升，提升企业竞争力。谢弗和帕默（Jaffe and Palmer，1997）进一步将“波特假说”分为三种：“弱波特假说”认为环境规制能够刺激企业进行技术创新；“狭义波特假说”认为只有适当的环境规制才能刺激企业从事技术创新；“强波特假说”则认为环境规制引发技术创新所带来的收益超过成本，有助于提升竞争力。刘悦和周默涵（2018）在垄断竞争模型框架下，讨论了环境规制对技术创新的影响，认为存在最优环境规制水平，可以实现“波特假说”。

三、环境规制政策的效应分析

基于不同经济理论，环境规制的效应分析主要分为两类。一类文献认为环境规制通过污染外部性的内部化，造成被规制对象生产成本上升，即

"遵循成本效应"（Becker et al.，2013；Millimet and Roy，2016）。国内文献主要从污染回流（沈坤荣和周力，2020）、产业结构（原毅军和谢荣辉，2014）、产品转换（韩超和桑瑞聪，2018）等视角进行了验证。另一类文献则认为合理的环境规制可以推动技术创新，使企业更好地达到环境标准，在降低生产成本的过程中形成技术扩散，提高竞争力，即"创新补偿效应"（Ambec et al.，2013）。国内文献主要从要素结构（李虹和邹庆，2018；童健等，2016）、区域差异（宋马林和王舒鸿，2013）、制度环境（杜龙政等，2019；李胜兰等，2014）等视角进行了验证。

第二节　产能过剩问题研究

产能过剩研究实际是在回答三个问题：是什么→为什么→怎么办。从而构成了产能过剩研究的三个主要方面：产能过剩的评价→产能过剩的成因→产能过剩的治理。具体如图 2.2 所示。

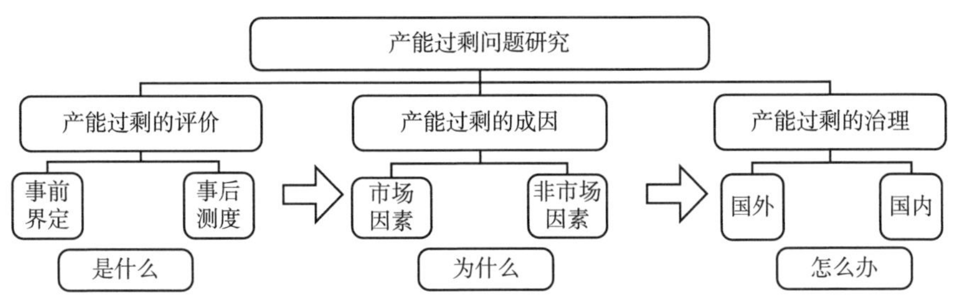

图 2.2　产能过剩问题研究的脉络梳理

一、产能过剩的评价研究

（一）产能过剩的界定

产能过剩最早由科普兰（Copeland，1934）在定义完全产能的基础上提出，认为产能过剩是企业实际产出小于其最优规模时的产出水平。随后众多学者对产能过剩的概念进行了讨论与延伸。卡米恩和施瓦茨（Kamien and Schwartz，1972）将产能过剩界定为垄断竞争行业生产设备的利用率低于平均成本最小时的情形。目前，国内学者关于产能过剩的界定可以分为宏观与微观两个层面。在宏观层面，产能过剩是指社会经济活动没有达到正常限度的产出水平，导致生产要素闲置的现象（Song et al.，2019；

Yang et al.，2019；韩国高等，2011）；在微观层面，产能过剩是指企业实际产出低于产能产出达到一定程度时所形成的生产能力过剩（Zhang et al.，2017）。

（二）产能利用率的测度

国内外学术界主要采用调查法（白让让，2016）、数据包络分析法（马红旗和申广军，2020；张少华和蒋伟杰，2017）和生产函数法（Wang et al.，2018）来研究产能过剩问题。法勒等（Fare et al.，1989）最早将数据包络分析法应用于测度个体产能利用率，在构建生产前沿面基础上，通过固定资本测度企业的生产能力。董敏杰等（2015）采用数据包络分析法测算了我国企业层面的产能利用率。数据包络分析法使用的前提是各企业之间生产率差异不大，对于效率相差较大的中国工业企业可能存在一定的估计偏差（樊茂清，2017）。伯恩特和莫里森（Berndt and Morrison，1981）最早采用生产函数法测度产能利用率，通过成本函数假设推测理论上的潜在最优产出，并将实际产出与潜在最优产出的比值界定为产能利用率。马红旗等（2018）采用该方法测度了中国工业企业的产能利用率。生产函数法要求对企业生产决策作出严格假设，而在现实中研究者往往难以获知企业实际的生产决策（余淼杰等，2018）。基于上述原因，目前学界并无产能利用率测度方法的一致性结论。

（三）“僵尸企业”的识别

“僵尸”的概念在经济学研究中最早是凯恩（Kane，1987）在考察存贷危机时期美国存储机构时提出的，之后卡巴莱罗等（Caballero et al.，2008）、福田和中村留（Fukuda and Nakamura，2011）对日本“僵尸企业”的问题进行了实证研究。“僵尸企业”的识别研究，目前主要包括两类方法。一类为定义法，根据国务院相关文件，将“僵尸企业”界定为连续三年以上亏损且与结构调整方向不一致的企业。另一类方法为文献法。卡巴莱罗等（Caballero et al.，2008）利用企业债务和利息支出信息，依据企业是否获得信贷补贴作为判断依据，即 CHK 方法。福田和中村留（Fukuda and Nakamura，2011）在 CHK 方法基础上，引入企业利润水平和杠杆率变化信息，提出复合标准识别“僵尸企业”，即 FN 方法。基于连续三年亏损的定义法识别“僵尸企业”，易于操作，但忽略了“僵尸企业”以低成本获取信贷资源的重要特征，存在一定的片面性。相比较而言，文献法则更好地捕获了“僵尸企业”亏损且能够获取信贷资源的本质特征。

二、产能过剩的成因研究

梳理现有文献，产能过剩的成因主要包括市场因素与非市场因素。市场因素是指当经济由盛转衰时，社会总需求开始减少，但是社会生产能力很难在短时间内及时退出，使得生产能力出现过剩的状况（Kamien and Schwartz，1972；Moret et al.，2020）。非市场因素则是指因经济发展阶段、社会体制环境等特殊因素使得生产能力“易进不易退”而导致的产能过剩问题（林毅夫等，2010；朱希伟等，2017）。国内学者主要讨论非市场因素的影响。从经济动态发展的视角来看，“后发优势”使得发展中国家发展迅猛，对未来发展的良好预期使其在投资上形成“潮涌现象”，从而造成产能过剩（侯方宇和杨瑞龙，2018；林毅夫等，2010）。从政府干预的视角来看，面对财政分权和政治晋升的压力，地方政府更有动力发展地方经济，吸引更多的投资和项目，最终造成产能过剩问题（王文甫等，2014；吴利学和刘诚，2018；杨剑侠和张杰，2020）。

三、产能过剩的治理研究

针对产能过剩的治理，国外研究呈现一定的规律性。当经济增长下行造成产能过剩时，采用劳动力市场调整（Greenidge et al.，2016）与制度改革（Efendic et al.，2011）；当周期波动造成产能积压时，采用金融与财政改革（Agnello et al.，2015）。相比而言，国内关于产能过剩治理的研究主要有三种观点。一是主张通过产业政策引导产能过剩治理（韩国高等，2011；林毅夫等，2010）。二是主张适时进行政府干预，完善市场机制，从要素配置与流动重组视角解决产能过剩问题（王文甫等，2014；徐朝阳和周念利，2015）。三是强调增长动力与收入分配等多元结构的全面调整（洪银兴，2018；贾康和苏京春，2016）。随着讨论的深入，对这一问题的研究趋向细致化，环境规制与产能过剩治理的关系研究逐渐受到学者的关注。

第三节　环境规制对产能治理的影响研究

环境规制对产能治理研究主要表现为宏观层面的产能趋势变化与微观层面的企业动态演化，如图 2.3 所示。宏观层面的产能趋势变化主要包括产能规模控制、产能结构调整、产能效率提升。微观层面的企业动态演化主要包括企业进入、成长、衰退和退出。微观企业动态演化是宏观产能趋势变化的过程，宏观产能趋势变化是微观企业动态演化的结果。

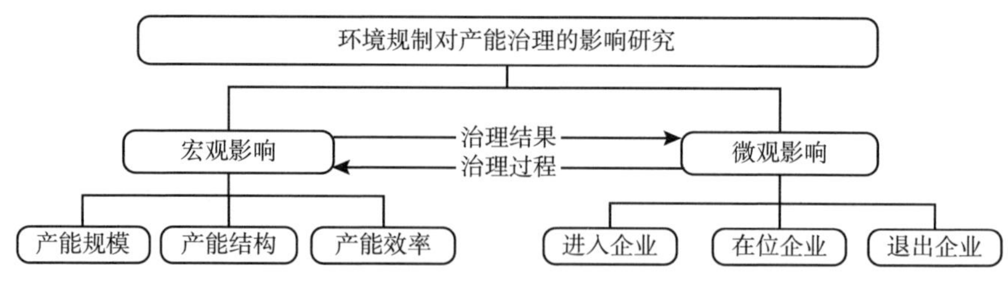

图 2.3　环境规制对产能治理影响研究的脉络梳理

一、环境规制对产能治理的宏观影响

以环境规制作为产能过剩的治理方式，不仅可以缓解经济发展困局、促进经济结构调整，还能够实现控制污染排放、提升环境质量的目标（李虹和邹庆，2018；宋马林和王舒鸿，2013）。从产能规模来看，环境规制使得资本边际收益降低，导致制造业的净资本形成下降，资本存量在一定程度上决定了生产能力，从而抑制了产能规模扩张（Ji et al.，2017；Jorgenson and Wilcoxen，1990）。从产能结构来看，环境规制将挤占污染成本较高行业的生产性投资，降低其市场份额，从而促进了产能结构优化（Wu et al.，2019）。从产能效率来看，环境规制提升产品竞争力，拉动技术进步与研发创新，优化要素投入结构，从而提升了产能利用效率（Bi et al.，2014；Du et al.，2020）。

二、环境规制对产能治理的微观影响

企业未将环境成本计入生产成本，是导致规模盲目扩张与产能过剩现象的重要原因（杜威剑，2018）。生态产品价格的扭曲以及环境产权界定的不清晰使得企业所受到的环境约束不足，企业内部成本外部化会造成企业投资规模大于社会所需，最终造成部分地区与行业的产能过剩（Wang et al.，2018）。引入环境规制对于企业来说相当于一种强制性的“精洗”（韩超和桑瑞聪，2018），通过企业优胜劣汰，最终实现产能过剩治理。

环境规制影响企业进入与退出决策，进而影响产能积累与产能淘汰。环境规制通过提高环境标准以改变企业生产成本，使得受规制行业形成进入壁垒，降低对进入企业的吸引力（Biswas and Thum，2017）。里维拉和欧（Rivera and Oh，2013）基于跨国公司数据，考察了环境规制对企业市场进入的影响，结果表明企业更偏好进入环境规制政策相对稳定的国家与地区。斯宾诺拉和穆尼奥斯（Espinola and Munoz，2016）分别在完全信息与非完全信息假设下讨论环境规制是否会提高企业进入的门槛。此外，从企业退出的视角，增加环境治理相关的投资，可能引致企业在策略调整过程中做出错误的决策，挤占其他生产性投资，影响企业再生产，加速企业退出市场（Du and Li，2019；刘悦和周默涵，2018）。

环境规制影响存续企业生产决策，进而影响产能升级。一方面，环境规制造成企业生产成本上升，影响企业成本结构，阻碍企业规模扩张与利润提高（Njuki and Bravo，2015；田光辉等，2018）。龙小宁和万威（2017）基于中国制造业企业数据，检验了环境规制对不同规模企业利润率的影响，结果表明，环境规制显著降低了规模较小企业的利润率。另一方面，环境规制带来的成本压力迫使企业进行研发创新，改善现有生产工艺，促进企业的技术进步与效率提升，进而增强企业在市场中的比较优势，提升企业竞争力（Pan et al.，2019；黄志基等，2015）。齐绍洲等（2018）以中国排污权交易试点政策为例，基于中国上市公司数据分析环境政策是否会引致企业创新，研究表明环境规制能够诱发试点地区污染行业内企业的绿色创新活动。尤等（You et al.，2019）基于中国2004～2015年上市公司面板数据，研究发现环境规制能够提升企业的生态创新，但财政分权与追求政治晋升会削弱环境规制的创新激励效应。

第四节 文献述评及进一步研究方向

既有文献为我们理解环境规制理论、产能过剩治理、企业动态演化等问题奠定了重要基础，对进一步从企业演化视角进行研究具有重要的启示作用。然而，环境规制与产能过剩治理关系的研究文献在分析框架、研究视角与研究方法等方面仍存在一定的局限，有待进一步深化与拓展。

第一，既有文献主要从经济周期与政策调整方面考察产能过剩的治理途径，关于环境规制作用下产能过剩的讨论尚未形成系统的分析框架。我国传统工业产能普遍过剩，特别是高消耗、高排放的重工业行业尤为突出，产能过剩行业与污染密集行业具有高度的重合性。以环境规制为约束，将污染成本纳入企业生产成本范畴，积极推进资源环境要素的市场化改革，能够有效制约在增长目标和投资刺激下过剩产能的持续产生，从源头防范和淘汰不符合环境标准的过剩产能。尽管部分文献强调了在治理产能过剩时加强环境保护的重要性，但多为间接提及，鲜少对环境规制与产能过剩的关系做出直接的研究与讨论。因此，本书在产能过剩治理框架下引入环境规制政策，建立产能过剩治理的长效机制，探究产能过剩治理的有效路径，进一步完善既有文献的分析框架。

第二，既有文献主要从国家、地区或行业等宏观视角考察产能过剩问题，鲜少从微观企业演化视角分析环境规制作用下产能过剩的治理。企业作为市场经济的主体，既是产能过剩表现的微观载体，又是环境规制直接影响与作用的对象，环境规制作用下微观企业动态演化过程与演化效率构成了宏观产能过剩治理的微观基础。基于宏观层面的既有文献将众多分类相同的企业作为一个整体看待，缺乏对微观行为主体——企业动态演化过程的考虑，在一定程度上容易引致“合成谬误”。因此，本书从微观企业演化视角，解构环境规制作用下产能过剩的治理机制与治理路径，打开宏观层面产能过剩治理的“黑箱”，进一步扩展既有文献的研究视角。

第三，既有文献关于环境规制与产能治理关系的研究范式具有碎片化特征，研究方法的系统性有待改进。理论阐释层面，环境规制与产能过剩的既有文献主要采用定性表述，模型化推导过程有所缺失，在一定程度上降低了理论机制的严谨性。经验分析层面，环境规制与产能过剩的既有文献并未充分考虑企业演化的阶段性差异，在一定程度上限制了实证模型的应用性。政策评估层面，环境规制效果可能受到诸多内外部因素的影响，关于不同情境下环境规制如何影响产能过剩治理的有效性问题，既有文献缺乏系统研究。因此，本书遵循“理论推导→实证检验→政策优化”的研究思路，分别采用演化经济学、微观计量、政策机制设计等分析模型，进一步深化既有文献的研究方法。

第三章　我国环境规制政策与工业企业产能现状分析

第一节　我国环境规制政策回顾与指标构建

一、我国环境政策发展回顾

中国经济在高速增长的同时，中国的环境质量面临着前所未有的挑战，环境问题得到了各方的关注。在此背景下，我国环境治理工作稳步推进，环境治理体系也在不断发展完善，并取得了一些新的突破。环境规制体系在不同时期具有不同的特点，对相关政策措施进行梳理，可以划分为以下五个阶段：环境规制政策的确立阶段（1949～1978 年）、环境规制政策的发展阶段（1979～1991 年）、环境规制政策的完善阶段（1992～2002 年）、环境规制政策的深化阶段（2003～2011 年）、环境规制政策的全面提升阶段（2012 年至今）。我国环境规制政策经历了从确立到逐步发展完善再到全面提升，五个不同阶段如图 3. 1 所示。

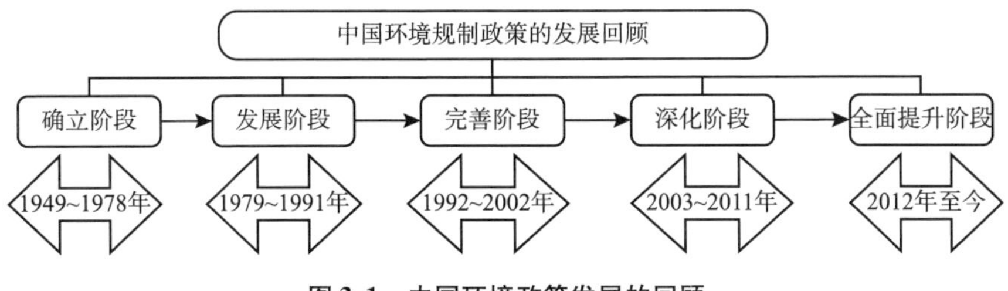

图 3. 1　中国环境政策发展的回顾

（一）第一阶段是环境规制政策的确立阶段（1949～1978 年）

20 世纪 70 年代以前，环境保护工作并未引起各方的重视，环保工作还没有系统展开，一些环境保护规章制度只是被零散的提及，尚未形成系统的法律法规。然而，伴随着全球环境的急剧恶化，1972 年 6 月，联合国人类环境会议通过了著名的《人类环境宣言》《人类环境行动计划》等，这对于全球环保工作的展开具有重要的意义，各国在讨论本国环境治理制度时，有了可遵循和借鉴的规则。与此同时，我国的环保工作也开始稳步推进，1973 年 8 月 5 ~ 20 日，第一次全国环境保护会议在北京召开，会议确定了“全面规划、合理布局、综合利用、化害为利、依靠群众、大家动手、保护环境、造福人民”的 32 字方针，这是我国第一个关于环境保护的战略方针。在此之后，国务院环境保护领导小组办公室作为我国第一个专门的环保机构正式成立。1978 年 3 月 5 日，《中华人民共和国宪法》首次明确环境保护工作是一项基本职责，这凸显了环境保护工作的重要性。基于此，1978 年底，《环境保护工作汇报要点》颁布，对于环保工作的系统性和长期性进行了明确的界定，提出绝不能走“先污染、后治理”的弯路，这意味着把环保工作放在了更加突出的战略位置，为接下来环境保护工作的开展奠定了坚实的基础。

（二）第二阶段是环境规制的发展阶段（1979 ~ 1991 年）

在这一阶段，先后出台了一系列的法律法规，深化环境保护工作重点领域和关键环节的体制改革，加强制度建设和完善法制环境是核心内容，我国环境治理工作逐渐开始进入法制化进程。1979 年 9 月，《中华人民共和国环境保护法（试行）》颁布，这对于我国的环境保护工作具有里程碑的意义，为环境保护工作提供了法律保障，在《中华人民共和国环境保护法（试行）》中，环境影响评价制度被正式提出，并明确了“谁污染，谁治理”的原则，着力构建监管统一、多方参与的环境治理体系。其后，我国相继颁布了水污染、大气污染等领域的单项法律法规，我国环境保护工作不断细化，为各个领域环保工作的展开提供了可操作的指导细则。1989 年 12 月，《中华人民共和国环境保护法》正式颁布实施，这是对试行版的补充和完善，确立了“环境保护与经济、社会发展相协调”的原则，从此，环境保护法律成为我国社会主义法律体系的重要组成部分，我国环境治理工作开始走上法制化进程。1990 年，《关于进一步加强环境保护工作的决定》提出八项环境管理制度，包括全面落实环境保护目标责任制、排放污染物许可证制、环境影响评价制度、“三同时”制度等，保障了我国环境保护工作的有序推进。

（三）第三阶段是环境规制的完善阶段（1992 ~ 2002 年）

联合国环境与发展大会 1992 年 6 月在里约热内卢召开，180 多个国家参与，环境保护工作得到了世界范围内的普遍关注与重视，自此人类进入了经济与环境可持续发展的新征程。20 世纪 90 年代，我国进入了第一轮重化工时代，对于环境保护是一个巨大的挑战，因此，在这一阶段，我国开展了全面治理污染、保护生态环境的攻坚战。从“九五”时期开始，环境保护工作开始形成系统规划，我国正式编制国家环境保护五年规划，将环保规划纳入国民经济和社会发展总体布局。1998 年，国家环境保护局升格为国家环境保护总局，其职能定位为执法监督，职能领域包括生态保护、污染防治和核安全监督，完成了一次历史性的转变。2001 年 3 月，由国家环境保护总局牵头，全国生态环境建设部际联席会议第一次会议召开，以此更好地协调有关部门共同推进环境保护工作。在这一阶段，国家提出了一系列环境保护工作的具体细则，要求污染防治抓重点流域区域，以重点带全面，并提出污染治理的思路要从末端治理转向污染源头防治。在此基础上，1997 年《关于推行清洁生产的若干意见》颁布，清洁生产的要求被正式提出，要求将清洁生产纳入环境治理体系。2002 年 6 月，《清洁生产促进法》通过，为促进清洁生产、从源头治理环境、实现可持续发展提供了保障。

（四）第四阶段是环境规制的深化阶段（2003 ~ 2011 年）

环境保护工作历经多年的发展，取得了十分显著的成绩，但是经济高速增长对于环境质量是一个巨大的威胁，新时期还需要进一步加大环境保护工作力度。2005 年，确定以科学发展观为根基，构建能源节约型、环境友好型社会，促进经济、社会与环境的协调发展，为我国可持续发展提供了纲领性文件。2006 年，国务院召开第六次环境保护大会，提出关于环境政策的战略思想，从此环境保护工作在我国上升到了与经济增长同等重要的地位。2007 年，中共十七大首次明确把生态文明建设作为一项战略任务。2011 年，国务院召开第七次环境保护大会，发布《关于加强环境保护重点工作的意见》，为环境保护事业快速可持续发展奠定了基础。

（五）第五阶段是环境规制的全面提升阶段（2012 年至今）

随着我国经济快速发展和人民收入水平的提升，对我国环境质量提出了更高的要求。自 2012 年以来，党和政府更加注重解决经济发展过程中的环境问题。中共十八大报告明确指出“五位一体”治理的总体布局，将生态文明建设置于突出位置。中共十九大则进一步提出“绿水青山就是金山银山”的“两山”理念，坚持节约资源和保护环境的基本国策。在环境保护法规方面，《中华人民共和国环境保护法》于 2015 年 1 月 1 日起正式实施，加强了对环境违法行为的惩治力度。2018 年正式执行的《中华人民共和国环境保护税法》和《中华人民共和国环境保护税法实施条例》，意味着环境保护税正式取代排污费征收制度，完成环境保护“费改税”。2020 年 12 月颁布《碳排放权交易管理办法（试行）》，各行业各地区逐渐建立全国统一的碳排放交易市场。在环境保护机构调整方面，原国土资源部、环境保护部、国家海洋局、国家林业局等部门，被 2018 年组建的自然资源部与生态环境部取代，有利于解决管制权交叉、标准不统一等问题，进而优化环境保护部门职能配置与强化资源环境监管。

二、我国环境规制指标的构建

目前环境规制的测度主要包括污染治理投入在工业总产值的占比（Lanoie et al.，2008）、污染物排放密集度（Cole and Elliott，2003）、排污收费情况（Levinson，1996）、人均收入水平（Muthukumara and David，1998）等。然而，考虑到环境规制的衡量同时涉及政策工具与政策执行，采用单一指标难以完全表示。参照杜和李（Du and Li，2019）的研究，采用综合指数法构建环境规制的综合评价体系，用以衡量中国环境规制的综合绩效。鉴于现实情况与数据的可得性，分别选取中国各行业固体废物利用率、污水排放达标率、二氧化硫去除率、粉尘去除率和烟尘去除率等五个指标进行测度。指标的具体计算方法如下：

（1）分别计算固体废物利用率、污水排放达标率、二氧化硫去除率、粉尘去除率和烟尘去除率五个子项，并通过标准化将其转换成 0－1 值，以消除指标间的不可度量性。

（2）计算不同行业的指标权重。不同行业污染物排放的比重存在差异，因此对不同行业固体废物利用率、污水排放达标率、二氧化硫去除率、粉尘去除率和烟尘去除率等指标赋予相应的权重，以反映不同行业污染物治理程度的差异。公式如下：

$$W_{jt} = \frac{E_{ijt}/\sum_i E_{ijt}}{G_{ijt}/\sum_i G_{ijt}} = \frac{E_{ijt}/G_{ijt}}{\sum_i E_{ijt}/\sum_i G_{ijt}} \tag{3.1}$$

其中，E_{ijt} 为 t 期行业 i 污染物 j 的排放量，$\sum_i E_{ijt}$ 为 t 期污染物 j 的排放总量，G_{ijt} 为 t 期行业 i 的工业总产值，$\sum_i G_{ijt}$ 为 t 期中国工业总产值。

（3）通过各指标的标准化值与权重，计算中国各行业的环境规制强度。

第二节　我国工业企业的产能现状分析

一、产能利用率测度与特征事实

（一）产能利用率的测度

关于企业层面产能利用率的测度，主要包括数据包络分析法和生产函数法。然而，数据包络分析法使用的前提是各企业之间生产率差异不大，对于效率相差较大的工业企业可能存在较大的估计偏差。传统生产函数法则要求对企业生产决策作出严格假设，而在现实中研究者往往难以获知企业的生产决策。为了规避上述问题，参照余淼杰等（2018）的研究方法，从产能利用率定义出发，放松生产函数法的基本假设，基于资本折旧率与产能利用率正相关关系假设，测度中国工业企业层面的产能利用率。

接下来，具体介绍企业层面产能利用率的估计方法。与阿克伯格等（Ackerberg et al.，2015）一致，假设企业生产函数的结构化增值形式，公式如下：

$$Y_{it} = \min\{\alpha K_{it}^{\beta_1} L_{it}^{\beta_2} \exp(\omega_{it}),\ \beta_3 M_{it}\} \exp(\varepsilon_{it}) \tag{3.2}$$

其中，Y_{it}为企业总产值；K_{it}和L_{it}分别为资本投入和劳动投入；M_{it}为中间品投入；ω_{it}为企业全要素生产率；ε_{it}为随机冲击。根据里昂惕夫一阶条件，将生产函数转换为公式（3.3）的对数形式，其中小写字母代表相应的对数值。

$$y_{it} = \alpha + \beta_1 k_{it} + \beta_2 l_{it} + \omega_{it} + \varepsilon_{it} \tag{3.3}$$

在分析之前，根据格林伍德（Greenwood，1998）的分析框架，对产能利用率作出如下假设：

（1）产能利用率h_{it}为实际投入资本量K_{it}与企业资本存量K_{it}^*之比。

（2）产能利用率h_{it}为企业资本折旧率δ_{it}的单调递增函数，即$h_{it} = g(\delta_{it})$。

（3）企业的资本存量K_{it}^*由上期产能利用率h_{it-1}、上期资本存量K_{it-1}^*与上期投资I_{it-1}共同决定。

（4）中间投入品M_{it}由同期资本投入k_{it}、劳动力投入l_{it}和生产率ω_{it}决定，即$m_{it} = f_t(k_{it},\ l_{it},\ \omega_{it})$。

接下来，求解企业产能利用率之前，需具体化$g(\delta_{it})$的形式。直观而言，产能利用率与资本折旧率关系应当满足：资本折旧率对产能利用率单调递增；产能利用率为 0 时，资本折旧率也为 0；产能利用率为 1 时，资本折旧率达到上限。考虑到需满足产能利用率与资本折旧率的基本关系，此处采用格林伍德（Greenwood，1998）所采用的指数函数形式，公式如下：

$$h_{it} = g(\delta_{it}) = \frac{1}{\eta}\ln\left(\frac{\delta_{it}}{\bar{\delta}}\right) \tag{3.4}$$

其中，η 为正向系数，$\bar{\delta}$ 为折旧率的上限，该函数形式求解得到的产能利用率范围在［0，1］之间。结合公式（3.3）和公式（3.4），得到企业产出等式如下：

$$y_{it} = \alpha + \beta_1 k_{it}^* + \frac{\beta_1}{\eta}\ln\left(\frac{\delta_{it}}{\bar{\delta}}\right) + \beta_2 l_{it} + f_t^{-1}\left(k_{it}^* + \frac{1}{\eta}\ln\left(\frac{\delta_{it}}{\bar{\delta}}\right),\ l_{it},\ m_{it}\right) + \varepsilon_{it} \tag{3.5}$$

基于公式（3.5），采用阿克伯格等（Ackerberg et al.，2015）两步估计法，第一步基于非参数方法采用多项式进行估计，第二步结合矩估计条件与第一步估计结果，估计各项参数，并代入公式（3.4）计算得到企业层面的产能利用率。

（二）产能利用率分布特征

为了分析在位产能过剩问题，先进行初步的经验观察，以便从直观上对企业产能利用率的分布特征有一个定量的了解，为实证分析奠定基础。首先观察图 3.2 可以看出，产能利用率平均值分布位于 64% ~69% 之间，且总体趋势呈现逐年下降的特征。具体观察图 3.2 不同所有制企业的情况，可以发现不同所有制企业产能利用率存在显著的差异，其中，国有企业最高，私营企业次之，而外资企业最低。这一结论与中国企业家调查系统（2007）、钟春平和潘黎（2014）的研究一致，即部分国有垄断企业的产能利用率最高，从而导致国有企业总体产能利用率较高，以至于超过民营企业与外资企业。

从地区层面而言，样本初期产能利用率最高的地区为西北地区和华中地区，产能利用率最低的地区为华南地区和华东地区，随着时间的推移，各地区产能利用率基本呈现下降趋势，样本区间末，产能利用率最低的地区为华南地区。通过统计结果可知，产能利用率与地区经济发展水平并未显示出高度一致性，部分经济较发达地区的产能利用率反而较低，并且企业产能利用率存在明显的地区差异性。

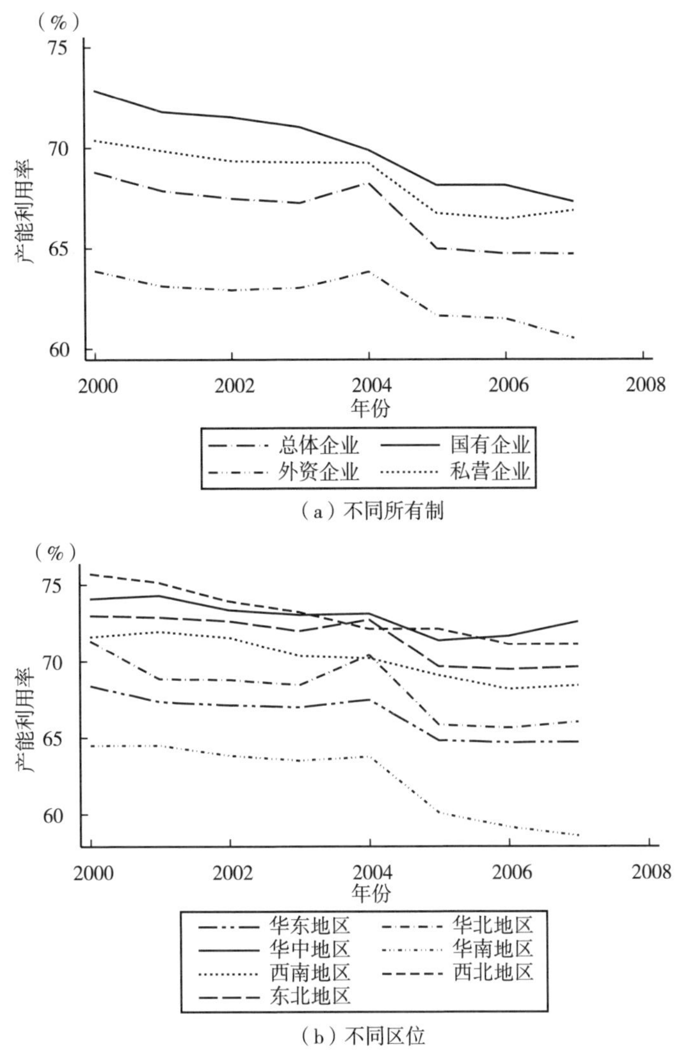

(a)不同所有制

(b)不同区位

图 3.2 所有制特征与区位特征差异下企业产能利用率状况

二、“僵尸企业”识别与特征事实

(一)“僵尸企业”识别

“僵尸企业”的识别研究，目前要包括两类方法。一类为定义法。根据国务院相关文件，将“僵尸企业”界定为连续三年以上亏损且与结构调整方向不一致的企业。另一类方法为文献法。卡巴莱罗等（Caballero et al.，2008）利用企业债务和利息支出信息，依据企业是否获得信贷补贴作为判断依据，即 CHK 方法。福田和中村留（Fukuda and Nakamura,

2011）在 CHK 方法基础上，引入企业利润水平和杠杆率变化信息，提出复合标准识别“僵尸企业”，即 FN 方法。基于连续三年亏损的定义法识别“僵尸企业”，易于操作，但忽略了“僵尸企业”以低成本获取信贷资源的重要特征，存在一定的片面性。相比较而言，文献法则更好地捕获了“僵尸企业”亏损且能够获取信贷资源的本质特征。基于此，对“僵尸企业”的识别主要参照 FN 方法进行。

考虑到中国的现实情况，各级政府为了鼓励企业转型升级、节能减排与职工安置，会为企业提供补贴，尽管并非接受政府补贴的企业均为“僵尸企业”，但政府补贴或优惠政策却成为部分企业得以存续的重要因素。因此，从企业实际利润中同时扣除信贷补贴和政府补贴，若企业利润为负，则说明该企业依靠各种补贴生存，则界定为“僵尸企业”。另外，为了避免企业某一年偶然经营不善被判定为“僵尸企业”，参照今井（Imai，2016）的研究，依据样本内企业多年期的盈利情况作为判断依据。最终，依据公式（3.6）判断样本内企业是否为“僵尸企业”。

$$\sum_{t=1}^{T}(profit_{it} - gs_{it} - cs_{it}) < 0 \tag{3.6}$$

其中，i 为企业，t 为年份，T 为样本内总期数。$profit_{it}$ 和 gs_{it} 分别为企业利润和政府补贴，均直接来源于中国工业企业数据库；cs_{it} 为信贷补贴，与 CHK 方法一致，通过实际利息支出与最低应付利息的差值计算得到。具体分析中，参照黄少卿和陈彦（2017）的文献，将最低应付利息分为短期最低贷款利率和长期最低贷款利率，并在此基础上通过公式（3.7）计算得到企业的最低应付利息。

$$\min IP_{it} = SL_{it} \times sil_{it} - LL_{it} \times lil_{it} \tag{3.7}$$

其中，$\min IP_{it}$ 为最低应付利息；SL_{it} 和 LL_{it} 分别为短期贷款和长期贷款；sil_{it} 和 lil_{it} 分别为短期最低贷款利率和长期最低贷款利率。其中，以每年利率调整前后的时间区间和贷款基准利率为基础，采用加权平均的方式计算得到相应年份的短期最低贷款利率和长期最低贷款利率。在此基础上，计算得到企业 i 的信贷补贴，公式如下：

$$cs_{it} = \min IP_{it} - IP_{it} \tag{3.8}$$

其中，IP_{it} 为企业 i 的利息支出。将公式（3.7）和公式（3.8）代入公式（3.6），据此判断样本内企业是否为“僵尸企业”。

（二）“僵尸企业”分布特征

基于 2000～2007 年中国工业企业数据库，我们对“僵尸企业”进行了识别。首先观察图 3.3 我国“僵尸企业”在样本初期的占比情况，分别从数量、工人规模和产值三方面来看，“僵尸企业”占比大约为37%、42%和28%。由此可知，从产值方面观察“僵尸企业”占比，其数值远低于数目方面和工人规模方面的“僵尸企业”占比，这也表明了在样本初期，“僵尸企业”具有低产值、高比例、高规模的特征。到2007年，从数量、工人规模和产值三方面来看，“僵尸企业”占比均有大幅度的下降，“僵尸企业”占比分别下降到25%、23%和18%，其中，“僵尸企业”工人规模占比下降得最明显，这也表明随着市场化改革的深入与开放程度的提高，我国“僵尸企业”占比总体呈现下降趋势，“僵尸企业”治理取得了一定的效果。

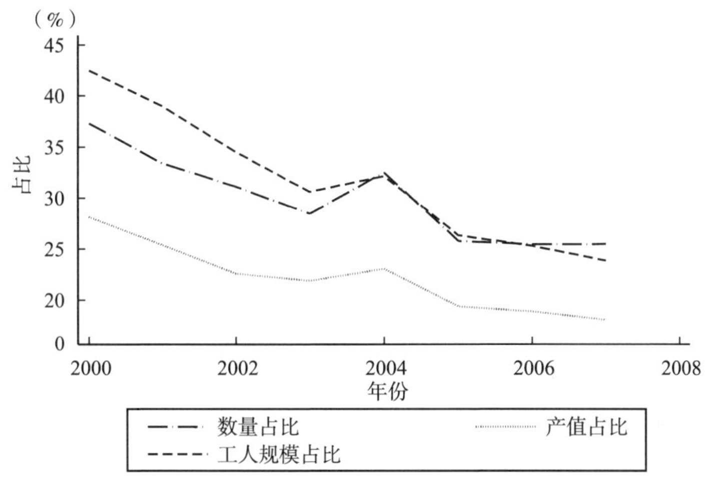

图3.3　2000~2007年“僵尸企业”占比

接下来进一步观察企业所有制和区位特征差异，图3.4汇报了样本区间内“僵尸企业”占比的所有制分布特征和地区分布特征。可以得出以下特征事实：第一，区分企业所有制来看，各类所有制企业中“僵尸企业”占比总体均呈现下降趋势，其中，国有企业中“僵尸企业”占比最大，外资企业次之，私营企业最低，这可能与国有企业的垄断程度和政府补贴力度有关；第二，考虑区位特征，其中“僵尸企业”占比最高的位于西北地区和东北地区，而经济相对发达的华东地区“僵尸企业”占比最低，“僵尸企业”占比与地区经济发展水平可能存在一定程度的相关性。

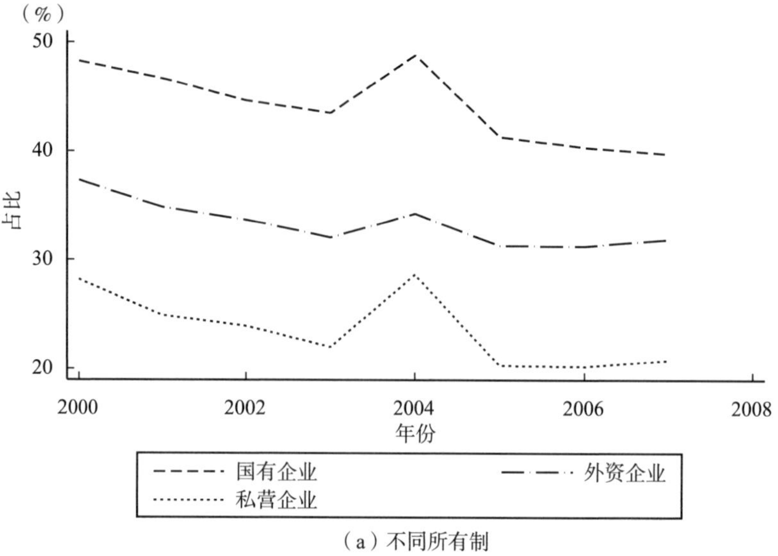

(a) 不同所有制

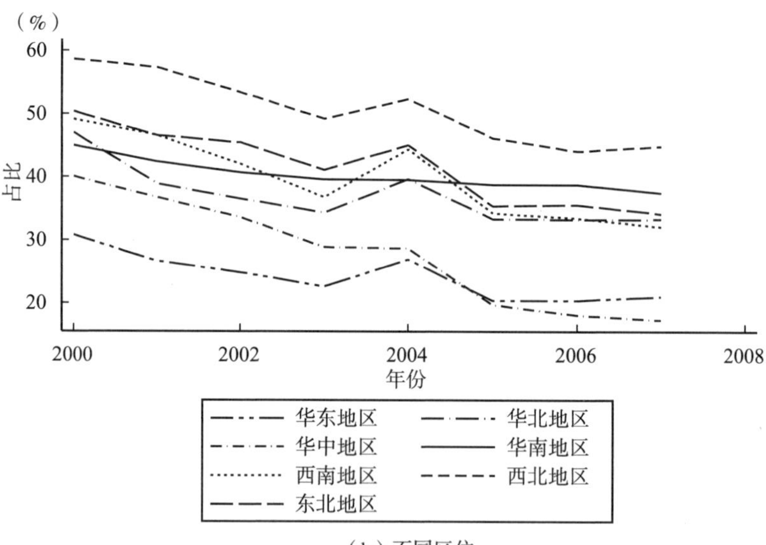

(b) 不同区位

图 3.4 不同所有制企业与不同区位特征"僵尸企业"占比

第四章　环境规制作用下企业产能过剩的治理机制

第一节　环境规制作用下企业产能过剩治理的理论阐释

一、环境规制影响企业产能过剩治理的机理阐释

由于企业结构分布的不合理与市场机制不完善，污染成本较低，企业私人成本与社会成本不一致，大量生产要素特别是资源要素难以分配到高效企业，无法实现资源的优化配置。此外，消费侧需求结构不断升级，而生产侧供给结构更新的滞后很难与其完全匹配，因此造成供给不足与产能过剩的双重矛盾的存在，落后产能和“僵尸企业”问题在我国格外突出。基于此，抑制新生产能积累、提升在位产能效率、加速落后产能退出构成供给侧结构性改革中“去产能”的重要方面。

生态环境作为公共产品的一种，具有非排他和非竞争的属性，会造成生态环境的过度消耗。生态产品价格的扭曲以及环境产权界定的不清晰使得企业所受到的环境约束不足，企业在生产决策时并未考虑真实的环境成本，企业内部成本外部化会造成企业投资规模大于社会所需，最终造成部分地区与行业的产能过剩。环境规制政策能够建立反映生态环境稀缺程度的价格制度，企业的非期望产出（污染排放）可以理解为生产要素之一，污染排放的价格可以由环境规制强度表示。环境规制提高将对企业施加环境约束，纠正环境要素价格，将环境成本纳入企业生产成本，倒逼企业调整行为决策，实现利润最大化的目标。环境规制作为外生冲击作用于企业演化的不同阶段，影响着企业的演化效率。如何促进企业健康有效地动态

演化、提升企业的演化效率，直接决定着我国产能治理的效果，是环境规制化解产能过剩的重要途径。依据“污染避难所假说”与“波特假说”，环境规制影响产能过剩治理的传导途径主要包括“遵循成本效应”和“创新补偿效应”。

环境规制影响产能过剩治理的“遵循成本效应”。当不存在环境规制时，即企业污染排放的价格为零，污染排放价格扭曲使得私人成本与社会成本偏离。环境成本的缺失造成企业利润虚高，使得企业陷入“环境成本缺失、利润虚高、扩大生产、产能过剩、环境持续恶化”的怪圈之中。随着环境规制强度的提高，相当于企业利用生态环境的价格有所提高，污染排放的成本增加。而企业成本的提高使得市场机制“看不见的手”发挥作用，会导致企业的优胜劣汰，从源头防范和淘汰不符合环境标准的过剩产能。一方面，满足环境标准的高效率企业受到环境规制的冲击不大，环境成本的提高反而会提高其竞争优势，行业内生产要素的优化配置也会倾向于更清洁的高效率企业，同时，环境规制的提高也会从根本上打破“环境成本缺失、利润虚高、扩大生产、产能过剩、环境持续恶化”的怪圈，企业对于新的产能投资、规模扩张计划都会采取更加谨慎的态度，进而提升企业的产能效率。另一方面，对于一些低效率企业来说，环境规制将会对企业生存形成重创，环境规制强度提高将引致企业环境成本增加，挤占其他生产性投资，影响企业再生产，加速落后产能企业与“僵尸企业”退出市场。环境规制对于企业来说相当于一种强制性的“精洗”，通过企业优胜劣汰，最终实现产能过剩治理。因此，环境规制能够通过“遵循成本效应”，抑制产能过度积累，提升产能利用效率，加速落后产能淘汰。

环境规制影响产能过剩治理的“创新补偿效应”。根据“波特假说”可知，合理的环境规制可以推动技术创新，使企业更好地达到环境标准，在降低生产成本的过程中形成技术扩散，提高竞争力，即“创新补偿效应”。然而，对于部分低效率企业而言，面对环境规制带来的技术进步与效率提升的压力，往往由于利润空间有限，无法达到环境标准的高要求，难以实现绿色转型。研发资本的投入还会挤占企业其他的生产性资源，给企业带来巨大的沉没成本，影响企业再生产，在激烈的市场竞争中，将会逐渐失去竞争力，最终加速落后产能企业与“僵尸企业”退出市场。同时，具有先进生产技术与自主创新能力的企业，随着环境规制强度的提高，可以较好地达到生产环境标准，环境规制引致的生存压力迫使企业进行研发创新，改善现有生产工艺，促进企业的技术进步与效率提升，进而增强企业在市场中的比较优势，提升企业竞争力，促使企业占有更多的市场份额。在环境规制约束下，创新是其增强市场势力和增加市场份额进而提升产能效率的重要手段。因此，环境规制能够通过“创新补偿效应”，抑制产能过度积累，提升产能利用效率，加速落后产能淘汰。

从以上分析可知，环境规制强度的提高，一方面，能够促进企业的优胜劣汰，实现生产要素与资源更好地优化配置，另一方面，使得优势企业进行技术创新，更好地实现符合环境标准的清洁化生产，获得更多的市场份额。因此，在供给侧结构性改革背景下，环境规制通过抑制产能过度积累、提升产能利用效率、加速落后产能淘汰等方式，在一定程度上有助于化解我国的产能过剩问题。

二、环境规制影响企业产能过剩治理的理论框架

依据企业动态演化阶段，分别构建企业进入、存续与退出的数理模型。进一步引入环境政策冲击，假定施加了较强的环境规制，提高环境要素价格，企业将环境成本纳入生产决策，包括是否进入市场、产能效率提升、是否退出市场，都将受到环境规制的影响。本书从企业演化视角探究环境规制作用下产能过剩的治理机制，基本建模思路如图 4.1 和表 4.1 所示。

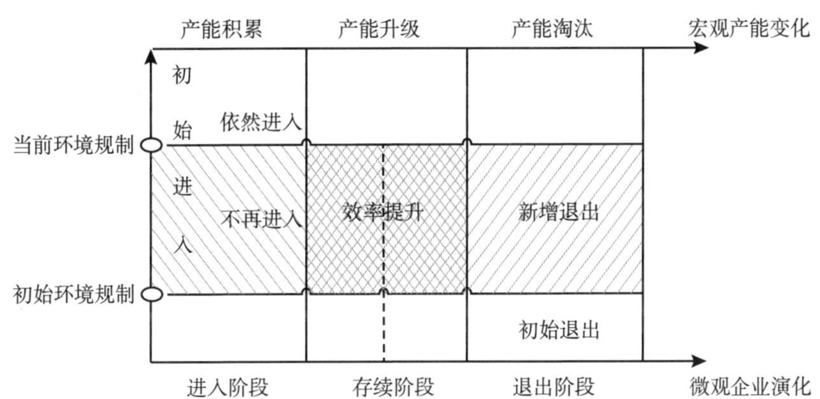

图 4.1　环境规制影响企业产能过剩治理的理论框架

表 4.1　　　　　环境规制 – 动态演化 – 企业行为决策

项目	企业演化阶段	政策影响	企业行为决策
环境规制	企业进入	提高市场进入门槛	进入市场
	企业存续	引致生产成本上升	效率提升
	企业退出	提高市场存活门槛	退出市场

（一）企业进入

环境规制提高企业进入的市场门槛，部分低效企业无法进入市场。环境规制政策冲击使得企业市场进入门槛提高，一部分可以达到初始门槛却达不到环境规制调整后门槛的企业被排除在外，这部分初始进入企业将作出不进入市场的行为决策。低效企业不再具有进入市场的能力，高效企业才能进入市场。环境规制政策冲击相当于市场进入的屏障，在企业演化的进入阶段进行了一次有效的筛选，抑制新生产能积累的机制生效。

（二）企业存续

环境规制提高将对企业施加环境约束，纠正环境要素价格，将环境成本纳入企业生产成本，倒逼在位企业的策略调整。环境规制作为外生冲击作用于企业演化的不同阶段，影响着企业的演化效率，在位企业面临生产决策调整的分岔路。环境规制带来的成本压力迫使企业进行研发创新，改善现有生产工艺，进而增强企业在市场中的比较优势，促进企业的技术进步与效率改进，提升产能利用率，促使企业获得了更好地成长。综上所述，在企业演化的存续阶段，环境规制会使得企业作出提升效率的行为决策，提高产能利用效率的机制生效。

（三）企业退出

环境规制使得企业面临更高的存活门槛，提高了“僵尸企业”或落后产能企业退出市场的概率。环境规制政策冲击使得企业存活门槛提高，部分可以达到初始存活门槛却达不到环境规制调整后存活门槛的企业将被市场所淘汰，这部分初始存活企业将作出退出市场的行为决策，成为新增退出。环境规制政策冲击相当于市场退出的过滤器，在企业演化的退出阶段进行了一轮更严格的过滤，加速落后产能退出的机制生效。

第二节　环境规制作用下企业进入的产能积累模型

参考阿西迪亚科诺和米勒（Arcidiacono and Miller，2011）、张会清和唐海燕（2012）等文献的研究思路，建立企业进入的产能积累模型，在企业利润最大化框架下研究企业进入的行为决策以及环境规制的影响。

从事生产经济活动的企业 i，总产量为 Q。在既定信息集 Ω_{it} 下，企业预期未来 N 期的总利润如公式（4.1）所示：

$$P_{it}(\Omega_{it}) = \max E_t\left[\sum_{j=t}^{N}\sigma^{j-t}\pi_{it}(Q_{it},\ S_{it},\ R_{it}) \mid \Omega_{it}\right] \qquad (4.1)$$

其中，E 为期望值，π_{it}为预期利润，利润取决于总产量 Q_{it}、市场进入 S_{it} 和环境规制水平 R_{it}。S_{it}为是否进入市场的二元状态变量，如果企业 i 在 t 期进入市场则 S_{it}取 1，反之取 0；R_{it}为地区环境规制水平，R_{it}值越大表征该地区环境管制越严格；σ 为贴现因子。为了便于分析，采用动态规划的贝尔曼方程对公式（4.1）进行简化，整理后得到目标函数如下：

$$P_{it}(\Omega_{it}) = \max_{Q,S,R}\{\pi_{it}(Q_{it},\ S_{it},\ R_{it}) + \sigma E_t[P_{it+1}(\Omega_{it+1})] \mid S_{it}\} \qquad (4.2)$$

与梅利兹（Meltiz，2003）一致，假设企业进入市场需要支付一定的沉没成本 I_i 以开拓市场，企业退出市场同样需要支付一定的沉没成本 O_i 以进行人员安置与业务重组，则企业在 t 期的预期利润如公式（4.3）所示：

$$\pi_{it}(Q_{it},\ S_{it},\ R_{it}) = S_{it}[\pi_{it}(Q_{it},\ R_{it}) - I_i(1 - S_{it-1})] - O_iS_{it-1}(1 - S_{it}) \qquad (4.3)$$

由公式（4.3）可知，企业 i 在 t 期的预期利润由存续状态 S 决定，对公式（4.3）进行简化得到：

$$\pi_{it}(Q_{it},\ S_{it},\ R_{it}) = \begin{cases} \pi_{it}(Q_{it},\ R_{it}),\ \text{if}\quad S_{it-1}=1 \text{ 和 } S_{it}=1 \\ \pi_{it}(Q_{it},\ R_{it}) - I_i,\ \text{if}\quad S_{it-1}=0 \text{ 和 } S_{it}=1 \\ -O_i,\ \text{if}\quad S_{it-1}=1 \text{ 和 } S_{it}=0 \\ 0,\ \text{if}\quad S_{it-1}=0 \text{ 和 } S_{it}=0 \end{cases} \qquad (4.4)$$

其中，企业 i 的存续状态分为持续生产（$S_{it-1}=1$ 和 $S_{it}=1$）、t 期新进入市场（$S_{it-1}=0$ 和 $S_{it}=1$）、t 期退出市场（$S_{it-1}=1$ 和 $S_{it}=0$）以及无生产的企业（$S_{it-1}=0$ 和 $S_{it}=0$）。

企业的市场进入决策包含两个阶段的决策过程：第一阶段为进入决

策，即是否生产；第二阶段为生产规模决策，即生产多少。如果企业在第一阶段决定进入市场，则需要考察环境规制政策对企业两阶段行为决策的影响。如果企业在第一阶段决定不进入市场或退出市场，则只需要考察环境规制政策对第一阶段决策的影响。首先，分析第一阶段市场进入决策。根据利润最大化条件并结合公式（4.2）~公式（4.4），得到企业 i 进入市场的基本条件为：

$$\pi_{it} + \sigma(E_t\{[P_{it+1}(\Omega_{it+1})] \mid S_{it}=1\} - E_t\{[P_{it+1}(\Omega_{it+1})] \mid S_{it}=0\}) \geqslant I_i - (I_i - O_i)S_{it-1} \tag{4.5}$$

对公式（4.5）进行约化形式的近似处理，得到企业 i 市场进入决策函数如下：

$$S_{it}^* = \begin{cases} 1, \text{ if } [\pi_{it}^*(Q_{it}, S_{it}, R_{it}) \mid S_{it}=1] = \alpha X_{it} + \beta_1 R_{it} + \gamma S_{it-1} + \varepsilon_{it} \geqslant 0 \\ 0, \text{ if } [\pi_{it}^*(Q_{it}, S_{it}, R_{it}) \mid S_{it}=1] = \alpha X_{it} + \beta_1 R_{it} + \gamma S_{it-1} + \varepsilon_{it} < 0 \end{cases} \tag{4.6}$$

公式（4.6）为动态离散选择方程，反映产能积累的扩展边际：$S_{it}^*=1$，表示企业（$S_{it-1}=1$）继续生产，产能积累的扩展边际不变，或未生产企业（$S_{it-1}=0$）在 t 期选择生产，产能积累的扩展边际增加；$S_{it}^*=0$，表示生产企业（$S_{it-1}=1$）停止生产，产能积累的扩展边际减少，或未生产企业（$S_{it-1}=0$）继续观望，产能积累的扩展边际不变。X_{it}表示其他影响企业生产参与决策的因素，如企业特征、市场特征等。考虑到企业可能存在的沉没成本（Roberts and Tybout，1997），在公式（4.6）引入生产状态的滞后项 S_{it-1}，用以控制可能存在的行为惯性。ε_{it}为随机误差项。

再来分析第二阶段企业的初始生产规模决策。在企业决定进入市场后，接下来便需要确定最优的初始生产规模 Q_{it}^*，以实现利润最大化，因此得到企业的生产规模决策函数如下：

$$Q_{it}^* = \max[P_{it}^*(Q_{it}, S_{it}, R_{it}) \mid S_{it}=1] = \eta Z_{it} + \beta_2 R_{it} + \theta Q_{it-1} + \omega_{it} \tag{4.7}$$

其中，公式（4.7）为连续回归方程，表示产能积累的集约边际。Q_{it}^* 为企业的最优生产规模；Z_{it}为其他影响企业生产规模的因素；同样引入企业生产规模的滞后项 Q_{it-1}，反映企业市场进入的沉没成本；ω_{it}为随机误差项。

企业生产决策过程表明，环境规制对于产能积累的影响是多方面的，不仅体现在市场进入决策（即产能积累的扩展边际，由系数 β_1 衡量），还体现在生产规模决策（即产能积累的集约边际，由系数 β_2 衡量）。如果 β_1

和 β_2 均显著，则表明环境规制能够从广度和深度两个层面影响我国的产能积累。

通过理论推导发现，一方面，较强的环境规制，会使得企业更新现有生产设备，学习和改良生产技术，提高产品生产的技术含量，在一定程度上等同于直接提高了企业进入市场的固定成本和生产产品的可变成本，抑制了新生产能积累。另一方面，不同类型的企业对于环境规制的敏感性不同，从而使得产能积累的扩展边际和集约边际在企业层面存在明显的差异性，环境规制变动由此形成产能积累的结构调整效应。据此，得到以下命题。

命题 1：环境规制通过降低企业进入概率与缩小企业初始规模，抑制了新生产能的积累。

命题 2：环境规制对污染密集型企业市场进入与初始规模的抑制作用强于清洁型企业，有利于产能结构的清洁转型。

第三节　环境规制作用下企业存续的产能升级模型

在异质性企业（Melitz，2003）框架下，引入环境规制，从微观视角探究产能过剩的成因与治理。

基于垄断竞争产品市场假设，产品市场内存在 L 个消费者，企业之间的产品存在一定的差异化特征。参照彭森那等（Personas et al. , 1992）的研究，假设 CES 形式的消费者效用函数为：

$$U = (Q_p^c)^{-\alpha}\left[\int_{\omega \in \Omega} q(\omega)^{\frac{\sigma-1}{\sigma}}\right]^{\frac{\sigma}{\sigma-1}} \tag{4.8}$$

其中，Q_p^c 用以衡量污染产品产量，其产量增加对消费者效用存在负向影响；α 用以衡量消费者对企业污染生产的厌恶程度，且 $\alpha > 0$；Ω 表示产品类别的集合；σ 用以衡量不同产品之间的替代弹性，且 $\sigma > 1$。消费者的可支配收入约束如下所示：

$$\int_{\omega \in \Omega} p(\omega) q(\omega) \mathrm{d}\omega = I \tag{4.9}$$

其中，I 用以衡量消费者的收入水平。基于公式（4.8）和公式（4.9）求解消费者效用最大化情形下，其对产品 ω 的需求函数形式，如下所示：

$$q(\omega)=\frac{I}{P}\left[\frac{p(\omega)}{P}\right]^{-\sigma} \tag{4.10}$$

其中，P 代表物价水平，具体形式如下所示：

$$P=\left[\int_{\omega\in\Omega}p(\omega)^{1-\sigma}\mathrm{d}\omega\right]^{1/(1-\sigma)} \tag{4.11}$$

假定劳动作为企业唯一的要素投入，企业进入市场的成本为 f_e 单位劳动力。企业的生产率水平 φ 为满足独立同分布的随机变量，其概率密度函数为 $g(\varphi)$。对于在位企业，可能会面临外生冲击，若企业生产率太低将会退出市场，这种外生冲击与生产率无关且概率为 δ。假定企业在每期生产过程中固定成本投入为 f 单位劳动力，环境成本投入为 F 单位劳动力，当然这些环境成本包括清洁生产设备或生产技术的维护或改进。此外，劳动力供给量由劳动力市场出清条件内生决定。

将企业分为落后企业和先进企业两类，其区别在于生产率高低、生产规模大小和进行清洁生产的意愿和能力。由于政企合谋现象的存在为落后企业的存活提供了可能，假定企业可以投入成本 c 以实现政企合谋而免于投资清洁设备且避免停业。由于落后企业未进行清洁生产，假设其需要额外承担的污染成本税率为 θ，且 θ 与环境规制成正比。基于上述分析可知，落后企业与先进企业的成本函数形式分别如下所示：

$$TC_{p0}(\varphi)=\begin{cases}TC^{c}(\varphi)=w\left(\dfrac{1}{1-\theta}\times\dfrac{q^{c}}{\varphi}+f+c\right),\ \text{if}\quad \varphi^{*}\leqslant\varphi\leqslant\varphi^{+}\\ TC^{F}(\varphi)=w\left(\dfrac{q^{F}}{\varphi}+f+F\right),\ \text{if}\quad \varphi\geqslant\varphi^{+}\end{cases} \tag{4.12}$$

其中，w 代表工资率。不失一般性，将劳动作为计价物，即 w 取 1。c 和 F 代表落后企业与先进企业。φ^{*} 用以衡量企业的存活生产率；φ^{+} 代表企业的技术无差异生产率，即企业选择政企合谋与投资清洁生产设备利润无差异的生产率水平。基于企业利润最大化的基本假设，计算得到企业的价格函数：

$$p(\varphi)=\begin{cases}p^{c}(\varphi)=\dfrac{1}{p\varphi(1-\theta)},\ \text{if}\quad \varphi^{*}\leqslant\varphi\leqslant\varphi^{+}\\ p^{F}(\varphi)=\dfrac{1}{p\varphi},\ \text{if}\quad \varphi\geqslant\varphi^{+}\end{cases} \tag{4.13}$$

若均衡时企业生产率的分布为 $\mu_{P0}(\varphi)$，则市场均衡的物价指数 P 如下所示：

$$P=\left[\int_{0}^{\infty}p(\varphi)^{1-\sigma}M\mu(\varphi)\right]^{\frac{1}{1-\sigma}}=M^{1/(1-\sigma)}p(\overline{\overline{\varphi}}) \tag{4.14}$$

其中，均衡状态下市场内存续企业的数量为 M，企业加权平均生产率为 $\overline{\overline{\varphi}}$。当存在政企合谋时，企业的存活生产率 φ^* 需要满足 $\pi^c(\varphi^*)=0$，且只有生产率水平高于 φ^* 的企业才能向市场提供产品，其余企业将退出市场。对于生产率 $\varphi(\varphi^*\leqslant\varphi\leqslant\varphi^+)$ 的企业，其与处于存活生产率水平企业的相对收入如下：

$$\frac{r^c(\varphi)}{r^c(\varphi^*)}=\left(\frac{\varphi}{\varphi^*}\right)^{\sigma-1} \tag{4.15}$$

此外，生产率为 φ^* 的企业每期利润均为0，因此有：

$$\pi^c(\varphi^*)=0\Rightarrow r^c(\varphi^*)=\sigma(f+c) \tag{4.16}$$

基于公式（4.15）和公式（4.16）计算得到：

$$r^c(\varphi^+)=\sigma\left(\frac{\varphi^+}{\varphi^*}\right)^{\sigma-1}(f+c) \tag{4.17}$$

φ^+ 生产率的企业，在政企合谋与投资清洁生产设备的相对收入为：

$$\frac{r^F(\varphi^+)}{r^c(\varphi^+)}=\left(\frac{1}{1-\theta}\right)^{\sigma-1} \tag{4.18}$$

由于生产率 φ_{p0}^+ 的企业在选择政企合谋与投资清洁生产设备的利润相等，因此有：

$$\pi^F(\varphi^+)=\pi^F\Rightarrow r^F(\varphi^+)-r^c(\varphi^+)=\sigma(F-c) \tag{4.19}$$

基于公式（4.17）、公式（4.18）和公式（4.19），计算得到：

$$\varphi^+=\left\{\frac{F-c}{[(1-\theta)^{1-\sigma}-1](f+c)}\right\}^{\frac{1}{\sigma-1}}\varphi^*=\lambda\varphi^* \tag{4.20}$$

其中，$\lambda=\{(F-c)/[(1-\theta)^{1-\sigma}-1)](f+c)\}^{\frac{1}{\sigma-1}}$。进一步地，求解市场上存活企业的平均利润和企业自由进出条件：

$$\begin{aligned}\overline{\pi}&=\int_{\varphi^F}^{\varphi^*}\pi^c(\varphi)\frac{g(\varphi)}{1-G(\varphi^*)}\mathrm{d}\varphi+\int_{\varphi^*}^{-\infty}\pi^F(\varphi)\frac{g(\varphi)}{1-G(\varphi^*)}\mathrm{d}\varphi\\&=\kappa(\varphi^*)(f+c)+\frac{1-G(\varphi^+)}{1-G(\varphi^*)}\kappa(\varphi^+)(F-c)\end{aligned} \tag{4.21}$$

$$\overline{\pi}=\frac{\delta f_e}{1-G(\varphi^*)} \tag{4.22}$$

其中，$\kappa(\varphi^*)=[\overline{\overline{\varphi}}(\varphi^*)/\varphi^*]^{\sigma-1}-1>0$，$\kappa(\varphi^+)=[\overline{\overline{\varphi}}(\varphi^+)/\varphi^+]^{\sigma-1}-1>0$。结合公式（4.20）、公式（4.21）和公式（4.22），求解得到市场均衡时企业存活生产率的隐函数方程形式如下：

$$[1-G(\varphi^*)]\kappa(\varphi^*)(f+c)+[1-G(\lambda\varphi^*)]\kappa(\lambda\varphi^*)(F-c)-\delta f_e=0 \tag{4.23}$$

对公式（4.23）求解微分，可以得到企业存活生产率、技术无差异生产率与环境规制强度（企业排污成本）θ 之间的关系如下：

$$\frac{\partial\varphi^{+}}{\partial\theta}=\frac{\lambda\varphi^{*}(1-\theta)^{-\sigma}}{(1-\theta)^{1-\sigma}-1}\times\frac{[1-G(\varphi^{*})][\kappa(\varphi^{*})+1](f+c)}{[1-G(\varphi^{*})][\kappa(\varphi^{*})+1](f+c)+[1-G(\lambda\varphi^{*})][\kappa(\lambda\varphi^{*})+1](F-c)}<0 \tag{4.24}$$

$$\frac{\partial\varphi^{*}}{\partial\theta}=\frac{\varphi^{*}(1-\theta)^{-\sigma}}{(1-\theta)^{1-\sigma}-1}\times\frac{[1-G(\lambda\varphi^{*})][\kappa(\lambda\varphi^{*})+1](F-c)}{[1-G(\varphi^{*})][\kappa(\varphi^{*})+1](f+c)+[1-G(\lambda\varphi^{*})][\kappa(\lambda\varphi^{*})+1](F-c)}>0 \tag{4.25}$$

结合公式（4.24）和公式（4.25），得到以下命题：

命题3：环境规制强度的提高，会使得企业投资清洁生产设备相对于进行政企合谋的成本减少，降低技术无差异生产率，进而通过“激励效应”促进市场中企业对清洁生产设备的投资倾向，提高产能效率，促进企业的产能升级。

第四节　环境规制作用下企业退出的产能淘汰模型

在梅利兹（Melitz，2003）异质性企业理论框架下，考察企业产能过剩的形成机理与环境规制政策对企业产能淘汰的影响机理。

假设垄断竞争产品市场存在 L 数量的消费者，并且产品之间存在一定的差异性。与彭森那等（Personas et al.，1992）一致，假设消费者为 CES 形式的效用函数，如下所示：

$$U=(Q_p^c)^{-\alpha}\Big[\int_{\omega\in\Omega}q(\omega)^{\frac{\sigma-1}{\sigma}}\Big]^{\frac{\sigma}{\sigma-1}} \tag{4.26}$$

其中，Q_p^c 为高污染的产量，会降低消费者的效用水平；$\alpha>0$ 代表消费者对污染生产的厌恶程度；Ω 为产品类别的集合；σ 代表产品之间的替代弹性，且 $\sigma>1$。消费者的预算约束集如下所示：

$$\int_{\omega\in\Omega}p(\omega)q(\omega)\mathrm{d}\omega=I \tag{4.27}$$

其中，I 代表消费者的总收入。在公式（4.26）和公式（4.27）基础上，通过求解消费者效用最大化得到产品 ω 的需求函数，如下所示：

$$q(\omega)=\frac{I}{P}\left[\frac{p(\omega)}{P}\right]^{-\sigma} \tag{4.28}$$

其中，P 代表物价指数，具体形式为：

$$P=\left[\int_{\omega\in\Omega}p(\omega)^{1-\sigma}\mathrm{d}\omega\right]^{\frac{1}{1-\sigma}} \tag{4.29}$$

假定劳动作为企业唯一的要素投入，企业进入市场的成本为 f_e 单位劳动力。企业的生产率水平 φ 为满足独立同分布的随机变量，其概率密度函数为 $g(\varphi)$。对于在位企业，可能会面临外生冲击，若企业生产率太低将会退出市场，这种外生冲击与生产率无关且概率为 δ。假定企业在每期生产过程中固定成本投入为 f 单位劳动力，为了达到环境规制的标准，企业每期环境成本投入为 F 单位劳动力。此外，稳态时劳动力供给量 L_s 外生给定。

政府为了保持部分企业特别是关系国计民生的企业的影响力，会倾向于向其提供政策支持以维系其发展。假设政府为企业购置清洁生产设备投资提供 s 比例的补贴，并且政府以清洁生产设备投资补贴的形式提供优惠政策支持（若采用产量补贴或价格补贴并不会影响理论推导的最终结果）。由此得到企业购置设备投资为 $(1-s)F$，企业的成本函数如下：

$$TC(\varphi)=f+\frac{q(\varphi)}{\varphi}+(1-s)F \tag{4.30}$$

企业的产品定价如下：

$$p(\varphi)=\frac{1}{p\varphi} \tag{4.31}$$

假设企业均衡生产率分布为 $\mu(\varphi)$，由于市场上存活企业的市场退出，只受到外生冲击的影响，因此 $\mu(\varphi)$ 满足 $g(\varphi)$ 的条件分布。

$$\mu(\varphi)=\begin{cases}\dfrac{g(\varphi)}{1-G(\varphi^*)}, & \text{if} \quad \varphi\geqslant\varphi^*\\ 0, \ \text{if} & \varphi<\varphi^*\end{cases} \tag{4.32}$$

其中，φ^* 为企业存活生产率，满足 $\pi(\varphi^*)=0$，若生产率水平 $\varphi<\varphi^*$ 的企业将退出生产市场。企业平均生产率 $\tilde{\varphi}$ 如公式（4.33）所示。

$$\tilde{\varphi}=\tilde{\varphi}(\varphi^*)=\left[\frac{1}{1-G(\varphi^*)}\int_{\varphi^*}^{+\infty}g(\varphi)\mathrm{d}\varphi\right]^{\frac{1}{\sigma-1}} \tag{4.33}$$

对于生产率水平 $\varphi\geqslant\varphi^*$ 的企业，其与存活生产率为 φ^* 企业的相对收入如下：

$$\frac{r(\varphi)}{r(\varphi^*)}=\left(\frac{\varphi}{\varphi^*}\right)^{\sigma-1} \tag{4.34}$$

结合零利润条件可以推导得：

$$\pi(\varphi^*)=0\Leftrightarrow r(\varphi^*)=[f+(1-s)F]\sigma\Leftrightarrow\pi(\varphi)=[f+(1-s)F]\kappa(\varphi^*) \tag{4.35}$$

其中，$\kappa(\varphi^*)=[\tilde{\varphi}(\varphi^*)/\varphi^*]^{\sigma-1}-1>0$。此外，企业自由进出条件为：

$$\pi(\varphi)=\frac{\delta f_e}{1-G(\varphi^*)} \tag{4.36}$$

求解得到市场均衡时企业存活生产率的隐函数方程形式如下：

$$[1-G(\varphi^*)]\kappa(\varphi^*)[f+(1-s)F]-\delta f_e=0 \tag{4.37}$$

对公式（4.37）求解微分，可以得到企业存活生产率与环境规制强度之间的关系如下：

$$\frac{\partial\varphi^*}{\partial F}=\frac{-(1-s)j(\varphi^*)}{[f+(1-s)F]j'(\varphi^*)}>0 \tag{4.38}$$

其中，$j(\varphi)=[1-G(\varphi)]\kappa(\varphi)$。结合公式（4.38），可以得到以下命题：

命题4：环境规制强度的增加，能够提高企业的存活生产率，加速落后产能企业与“僵尸企业”的市场退出，实现落后产能淘汰，从而促进产能过剩的治理。

第五章　环境规制与新生产能积累：基于企业进入视角

第一节　环境规制对企业进入的影响研究

一、计量模型、指标构建与数据说明

（一）计量模型构建

鉴于微观面板数据与被解释变量二元特征，本节采用面板二元选择模型（Probit）作为基准模型进行分析，回归模型如下：

$$Entry_{it} = \alpha_0 + \beta ERI_{it} + \eta X_{it} + \eta_i + \eta_t + \varepsilon_{it} \tag{5.1}$$

其中，被解释变量 $Entry_{it}$ 为企业是否进入市场的二元变量，在 $t-1$ 年及之前年份未出现在样本内，而在 t 年首次出现在样本内的企业界定为新进入企业；ERI_{it} 为环境规制综合评价指标；X_{it} 为其他影响企业进入市场的控制变量；η_i 和 η_t 分别用以控制个体效应与时间效应；ε_{it} 为随机扰动项。β 为重点关注的待估参数，若 $\beta<0$ 且通过显著性检验，则表明环境规制能够抑制新生产能的积累。

（二）控制变量

结合既有的研究文献，控制变量主要包括：

（1）企业规模。企业规模可能直接关系到企业在市场中的地位与竞争力，最终对企业进入市场风险产生影响，此处采用企业年末工人数量的对数进行衡量。

（2）资本密集度。采用固定资产平均余额与企业就业人数的比值表示。

（3）融资约束。融资约束会导致企业不确定性风险增加，进而影响企业的市场进入决策。通过测算利息支出与销售收入之比衡量企业所面临的

融资约束程度。

(4) 国有企业和外资企业。采用二元虚拟变量划分企业类型，研究环境规制对不同企业影响的异质性。

(三) 数据介绍

环境规制各项指标数据来源于《中国环境年鉴》与《中国环境统计年鉴》。微观层面企业数据来自2000~2007年中国工业企业数据库，该数据库以企业法人作为统计单位，主要涵盖企业的基本信息和主要的财务数据。由于中国工业企业数据库中指标存在异常和缺失，结合聂辉华等(2012)的研究并参照一般会计准则，对样本数据进行如下调整：第一，剔除工业总产值、固定资产净值、出口交货值等核心变量缺失的观测值；第二，剔除不满足“规模以上”标准的观测值，即销售额低于500万元，或者固定资产净值低于1000万元，或者职工人数少于10人的观测值；第三，剔除一些明显与会计原则不相符的观测值，包括流动资产大于总资产，或者固定资产净值大于总资产，或者当期折旧大于累计折旧的观测值。此外，鉴于2003年中国行业分类代码发生了变更，参照勃兰特（Brandt，2012）的方法将行业按照2003年之后的新行业代码(GB/T 4754—2002)进行重新调整，对工业行业进行分类。

关于样本区间，本章中国工业企业数据库样本选择为2000~2007年。在样本期的选择上，没有采用2008~2013年数据的原因如下。第一，2008~2013年的数据存在严重的指标缺失问题，本章所采用的部分核心指标无法估计得到。第二，2008~2013年数据质量不高。为了验证数据的准确性，将微观企业数据按照行业加总，并将加总所得的数据与中国国家统计局公布的规模以上工业企业主要经济指标作对比，发现2000~2007年的数据与所公布的数据是一致的，但2008~2013年的数据不满足这一条件。第三，工业行业市场结构并未发生显著的变化，因此，不会影响研究结论的一致性。

二、实证分析与讨论

(一) 基准分析

依据基准回归模型方程式，以企业市场进入作为被解释变量，核心解释变量为环境规制强度，回归结果如表5.1所示。表5.1第(1)列仅加入核心解释变量环境规制，在第(2)列中引入企业规模以控制企业生产特征。此外，企业要素禀赋特征也可能影响企业的固定成本投入，进而影响企业市场进入的概率。因此，在第（3）列中引入企业资本密集度与融资约束变量，以控制企业资本结构特征对企业市场进入的影响。企业所有制的不同，也可能影响企业是否进入市场的决策。在第（4）列中，以私营企业为基准，引入国有企业与外资企业的虚拟变量。

表 5.1　环境规制对企业市场进入的总体影响

项目	（1）市场进入	（2）市场进入	（3）市场进入	（4）市场进入
环境规制	-0.7638*** (0.0347)	-1.0740*** (0.0353)	-1.0958*** (0.0355)	-1.1778*** (0.0359)
企业规模		-0.2046*** (0.0028)	-0.2078*** (0.0028)	-0.1899*** (0.0029)
资本密集度			-0.0154*** (0.0021)	-0.0064*** (0.0022)
融资约束			-0.0409** (0.0179)	-0.0307*** (0.0092)
国有企业				-0.4875*** (0.0125)
外资企业				-0.1993*** (0.0068)
常数项	-6.7221*** (0.2049)	-7.4961*** (0.2077)	-7.5518*** (0.2086)	-7.9852*** (0.2104)
个体效应	控制	控制	控制	控制
时间效应	控制	控制	控制	控制
观测值	679224	679221	676721	676721
Pseudo R^2	0.0267	0.0520	0.0526	0.0631

注：*、**、*** 分别表示在 10%、5%、1% 的水平上显著，( ) 中的数字表示标准误，回归结果由 STATA 给出。

从表 5.1 的估计结果可知，环境规制的系数均为负，且在 1% 水平上显著，说明环境规制在一定程度上会降低企业进入市场的概率，验证了理论命题的结论。环境规制引致的企业成本增加会对生产经营存在“挤出效应”，降低企业进入市场的概率，即环境规制对企业进入的扩展边际存在负向影响，抑制新生产能的积累，从总体规模上促进我国产能过剩的治理。

控制变量的回归结果与预期一致。企业规模与资本结构变量系数均显著为负，表明随着企业规模的扩大、资本密集度的提高与融资约束程度增加，企业进入市场的概率将下降。对于规模较大与资本密集度较高的企业而言，需要前期投入更多的固定成本，因此企业可能会更加谨慎地作出市场进入决策，因此在一定程度上会降低企业的进入概率。国有企业与外资企业变量均显著为负，表明与私营企业相比，国有企业与外资企业具有更低的市场进入概率。

在总体影响的基础上，参照阿克博斯坦奇等（Akbostanci et al.，2007）、童健等（2016）的研究，以各行业污染排放强度的中位数作为依据，将样本企业分为污染密集型企业与清洁型企业，从企业进入视角进一步考察环境规制对产能积累的差异化影响以及由此形成的结构效应，回归结果如表5.2所示。结果显示，无论是清洁型企业还是污染密集型企业，在1%显著性水平下，环境规制对市场进入的影响均为负，即环境规制会降低企业市场进入的概率，在企业进入阶段抑制新生产能的积累。然而，对于污染密集型企业和清洁型企业而言，环境规制政策对企业市场进入影响系数的绝对值分别为1.3764和0.9658，这说明环境规制对污染密集型企业市场进入的抑制作用更大，即环境规制提高了清洁型企业在市场中的企业数量占比，在一定程度上驱动了我国的产能结构朝着绿色减排方向发展，有利于我国产能的清洁转型与结构升级。

表5.2　　环境规制对企业市场进入的结构效应

项目	污染密集型		清洁型	
	（1）市场进入	（2）市场进入	（3）市场进入	（4）市场进入
环境规制	−0.8436*** （0.0503）	−1.3764*** （0.0522）	−0.6357*** （0.0481）	−0.9658*** （0.0497）
企业规模		−0.2028*** （0.0041）		−0.1774*** （0.0041）
资本密集度		−0.0227*** （0.0030）		−0.0100*** （0.0033）
融资约束		−0.1733*** （0.0489）		−0.0034 （0.0145）

续表

项目	污染密集型		清洁型	
	（1）市场进入	（2）市场进入	（3）市场进入	（4）市场进入
国有企业		-0.5036*** (0.0184)		-0.4757*** (0.0171)
外资企业		-0.1389*** (0.0090)		-0.2759*** (0.0107)
常数项	-7.1758*** (0.2970)	-9.0267*** (0.3058)	-5.9884*** (0.2845)	-6.8736*** (0.2924)
个体效应	控制	控制	控制	控制
时间效应	控制	控制	控制	控制
观测值	300912	299741	378312	376980
Pseudo R^2	0.0242	0.0612	0.0300	0.0661

注：*、**、*** 分别表示在10%、5%、1%的水平上显著，（）中的数字表示标准误，回归结果由STATA给出。

（二）环境规制对不同所有制企业市场进入的异质性影响

鉴于企业所有制特征的差异，不同类型企业的市场进入本身会存在一定的异质性，并且环境规制对不同类型企业影响程度可能不同。参照刘斌和王乃嘉（2016）的研究，分别以国有资本、外商资本占比是否超过50%和25%作为国有企业和外资企业界定的标准。其中，国有企业主要包括国家控股的企业和集体企业，外资企业包括外商独资、中外合资以及中外合作三种类型，私营企业则主要包括个体工商户、私营厂商等。接下来，根据企业类型，从产能积累层面考察环境规制对国有企业、外资企业与私营企业市场进入的差异化影响，结果如表5.3所示。

与总体样本回归分析结论一致，对于不同类型所有制企业而言，环境规制政策均会在一定程度上抑制企业的进入决策，降低企业市场进入概率，验证了之前的研究结论。比较不同所有制样本企业中环境规制的系数可知，环境规制对国有企业市场进入的抑制效应最小，对外资企业与私营企业市场进入的抑制效应显著高于国有企业。其原因可能为，国有企业能够得到更多的政策支持，且市场反应与设备更新速度不如外资企业与私营企业，因此环境规制对国有企业市场进入的抑制效应是最弱的。对于外资企业而言，根据“污染避难所假说”，一段时期以来我国主要承担的是污

表 5.3　　　　　　环境规制对不同所有制企业市场进入的影响

项目	国有企业	外资企业	私营企业
	（1）市场进入	（2）市场进入	（3）市场进入
环境规制	−0.2678*** (0.0717)	−1.1462*** (0.0388)	−1.2979*** (0.0378)
常数项	−3.1909*** (0.4205)	−7.8043*** (0.2273)	−8.6515*** (0.2219)
个体效应	控制	控制	控制
时间效应	控制	控制	控制
控制变量	是	是	是
观测值	84191	215916	385482
Pseudo R^2	0.0242	0.0608	0.0518

注：*、**、*** 分别表示在 10%、5%、1% 的水平上显著，( ) 中的数字表示标准误，回归结果由 STATA 给出。

染密集型生产，随着环境规制强度提高，外资企业受到的影响较大，因此会显著降低外资企业市场进入的概率。此外，对于私营企业而言，随着环境规制强度提高，企业不得不全面考虑市场进入后的生产成本与污染治理成本，因此会减少进入市场后的利润预期，从而抑制企业进入市场的概率。

（三）环境规制影响企业市场进入的地区异质性

由于我国各地区的发展现状差异较大，因此，分地区进行考察可以检验环境规制对企业市场进入总体影响的稳健性，也有利于针对我国不同地区的现状制定差异性环境政策。接下来，根据企业区位特征，将样本划分为东部地区企业和中西部地区企业，考察环境规制影响不同地区企业市场进入的异质性，结果如表 5.4 所示。

与总体样本回归分析结论一致，对于不同区位特征企业而言，环境规制政策均会在一定程度上抑制企业的进入决策，降低企业市场进入概率，验证了我们研究结论的稳健性。比较不同样本的系数可知，环境规制对东部地区企业市场进入的抑制效应明显高于对中西部地区企业的抑制效应。相应的经济学解释为，东部地区具有更强的环境规制政策强度与执法强度，企业不得不全面考虑市场进入后的生产成本与污染治理成本，预期利

表 5.4　　环境规制影响企业市场进入的地区异质性

项目	东部地区	中西部地区
	(1) 市场进入	(2) 市场进入
环境规制	-1.0810*** (0.0633)	-0.0893*** (0.0245)
常数项	-7.4261*** (0.3704)	-1.5790*** (0.3862)
个体效应	控制	控制
时间效应	控制	控制
控制变量	是	是
观测值	551717	125004
Pseudo R^2	0.0502	0.0570

注：*、**、*** 分别表示在 10%、5%、1% 的水平上显著，( ) 中的数字表示标准误，回归结果由 STATA 给出。

润的减少会造成东部地区企业市场进入的大幅降低；而对于中西部地区而言，其环境规制执法强度相对于东部地区较弱，在一定程度上还会承担来自东部地区的企业转移，因此中西部地区企业对环境规制政策的反应可能并不像东部地区企业敏感，环境规制对于企业市场进入的抑制效应相对较弱。环境规制影响不同地区企业市场进入的异质性也说明了环境治理政策应该因地制宜与联合治理，地区间政策的"一刀切"可能达不到预期的治理效果。

（四）环境规制对企业市场进入的影响机制

结合理论分析，对基准模型进行扩展，进一步探究环境规制对于企业市场进入的影响机制。我们分别将企业成本因素与行业创新因素引入基准模型，利用中介效应模型，从企业进入视角检验环境规制影响新生产能积累的"遵循成本效应"和"创新补偿效应"，如公式（5.2）~公式（5.4）所示。

$$Entry_{it} = \alpha_0 + \alpha_1 ERI_{it} + \alpha_2 X_{it} + \eta_i + \eta_t + \varepsilon_{it} \quad (5.2)$$

$$MV_{it} = \alpha_0 + \alpha_1 ERI_{it} + \alpha_2 X_{it} + \eta_i + \eta_t + \varepsilon_{it} \quad (5.3)$$

$$Entry_{it} = \alpha_0 + \alpha_1 ERI_{it} + \beta MV_{it} + \alpha_2 X_{it} + \eta_i + \eta_t + \varepsilon_{it} \quad (5.4)$$

其中，MV_{it}代表中介变量，具体包括企业生产成本和地区技术创新。企业生产成本依据会计准则计算得到并进行对数化处理，技术创新水平依据各行业企业中存在创新产出企业的比例进行衡量。通过中介效应模型验证环境规制对企业市场进入的影响机制，具体的回归过程为：先进行因变量（$Entry_{it}$）对基本自变量（ERI_{it}）的回归，再进行中介变量（MV_{it}）对基本自变量（ERI_{it}）的回归，最后将因变量（$Entry_{it}$）同时对自变量（ERI_{it}）和中介变量（MV_{it}）进行回归分析。

表5.5报告了环境规制对企业市场进入“遵循成本效应”的检验结果。第（1）列以企业市场进入为被解释变量，环境规制为核心解释变量。第（2）列以企业生产成本为被解释变量，可以看出环境规制系数为正，即环境规制强度提高会对企业成本有正向影响。第（3）列同时引入核心解释变量与中介变量，结果显示，环境规制的回归系数绝对值为0.7902，且高度显著，与第（1）列中环境规制系数绝对值1.1754相比显著下降。再观察中介变量企业生产成本，可以发现其系数为负且在1%水平上显著。表5.5中介效应模型的回归结果验证了环境规制对于企业市场进入的影响机制，环境规制会通过提高企业生产成本从而降低市场进入概率，进而抑制新生产能积累，即“遵循成本效应”成立。

表5.5　环境规制对产能积累的传导路径：“遵循成本效应”

项目	（1）企业进入	（2）生产成本	（3）企业进入
环境规制	-1.1754*** （0.0359）	0.7745*** （0.0123）	-0.7902*** （0.0375）
生产成本			-0.4055*** （0.0046）
常数项	-7.9708*** （0.2104）	7.0543*** （0.0718）	-4.7353*** （0.2218）
个体效应	控制	控制	控制
时间效应	控制	控制	控制
控制变量	是	是	是
观测值	676495	676495	676495
Pseudo R^2/R^2	0.0631	0.7807	0.0982

注：*、**、***分别表示在10%、5%、1%的水平上显著，（）中的数字表示标准误，回归结果由STATA给出。

表5.6报告了环境规制对企业市场进入"创新补偿效应"的检验结果。第（1）列以企业市场进入为被解释变量，环境规制为核心解释变量。第（2）列以技术创新作为被解释变量，可以看出环境规制能够提高相关行业技术创新的水平。第（3）列模型中同时引入环境规制与中介变量，可以看出，环境规制的回归系数绝对值为1.0903且显著，与第（1）列中环境规制系数绝对值1.1778相比有所下降，并且中介变量技术创新系数显著为负。回归结果支持了"创新补偿效应"提高企业的市场进入壁垒，进而实现了环境规制抑制产能积累的传导路径。

表5.6　　环境规制对产能积累的传导路径："创新补偿效应"

项目	（1）企业进入	（2）技术创新	（3）企业进入
环境规制	-1.1778*** （0.0359）	0.0526*** （0.0053）	-1.0903*** （0.0359）
技术创新			-0.1788*** （0.0106）
个体效应	控制	控制	控制
时间效应	控制	控制	控制
控制变量	是	是	是
常数项	-7.9852*** （0.2104）	-0.5386*** （0.0310）	-8.0851*** （0.2106）
观测值	676721	676721	676721
Pseudo R^2/R^2	0.0631	0.0810	0.0645

注：*、**、***分别表示在10%、5%、1%的水平上显著，（）中的数字表示标准误，回归结果由STATA给出。

中介效应模型验证了环境规制对于企业市场进入的影响机制，环境规制强度的提高会增加企业生产成本、激励行业技术创新，通过这两种传导途径降低企业市场进入的概率，进而抑制产能积累，实现产能过剩治理的目标，即"遵循成本效应"与"创新补偿效应"同时存在。此外，比较表5.5和表5.6第（3）列可以发现，表5.5第（3）列中环境规制系数下降幅度更大，表明样本区间内环境规制主要通过提升企业生产成本，进而降低企业进入概率，实现产能过剩治理，即"遵循成本效应"占主导。

第二节 环境规制对进入企业初始规模的影响研究

一、计量模型与指标构建

（一）计量模型

为了验证理论分析的命题，根据产能积累的实证文献与影响因素的研究，建立计量回归模型如公式（5.5）所示。

$$Scale_{it} = \alpha_0 + \beta ERI_{it} + \gamma X_{it} + \eta_i + \eta_t + \varepsilon_{it} \tag{5.5}$$

其中，下标 i 表示企业，t 代表年份。被解释变量 $Scale_{it}$ 为新进入企业的初始规模（新进入企业根据企业成立年份确定）。ERI_{it} 表示环境规制强度，是本节的核心解释变量；X_{it} 为控制变量集合；η_i 和 η_t 分别表示个体与时间固定效应；ε_{it} 为随机扰动项。

（二）控制变量

结合既有的研究文献，控制变量主要包括：

（1）劳动生产率。以人均销售收入度量。

（2）资本密集度。采用固定资产平均余额与企业就业人数的比值表示。

（3）融资约束。融资成本与企业不确定性风险息息相关，因而融资约束会影响企业的生产经营与初始生产规模。通过测算利息支出与销售收入之比衡量企业所面临的融资约束程度。

（4）国有企业和外资企业。采用二元虚拟变量划分企业类型，研究环境规制对不同企业影响的异质性。

二、实证分析与讨论

（一）基准分析

本节的主要研究目的在于考察环境规制对新进入企业初始规模的影响，从企业进入视角探究环境规制对新生产能积累的影响。被解释变量为新进入企业的初始规模，核心解释变量为环境规制强度，实证结果如表5.7所示。第（1）列为二元回归，只考虑了环境规制对新进入企业初始规模的影响。在第（2）列中引入企业劳动生产率以控制企业效率特征。此外，企业要素禀赋特征也会影响企业的固定成本投入，进而影响企业的初始规模。因此，在第（3）列中引入企业资本密集度与融资约束变量，以控制企业资本结构特征对新进入企业初始规模的影响。企业所有制的不同，也可能会影响企业的初始规模。在第（4）列中，以私营企业为基准，引入国有企业与外资企业的虚拟变量。结果显示，环境规制变量的系数为负且在10%水平上显著，表明在企业进入阶段，环境规制通过降低新进入企业初始规模进而抑制了新生产能积累，实现产能过剩的治理。

表5.7　　环境规制对新进入企业初始规模的总体效应

项目	（1）初始规模	（2）初始规模	（3）初始规模	（4）初始规模
环境规制	-0.0483* (0.0264)	-0.0437* (0.0242)	-0.0435* (0.0238)	-0.0406* (0.0236)
企业效率		0.0005*** (0.0000)	0.0005*** (0.0000)	0.0005*** (0.0000)
资本密集度			-0.0004*** (0.0001)	-0.0004*** (0.0001)
融资约束			-3.8999*** (1.4197)	-4.2989*** (1.4173)
国有企业				0.3776*** (0.1330)
外资企业				-0.2618** (0.1167)
常数项	9.1147*** (0.1386)	9.0446*** (0.1273)	9.1369*** (0.1271)	9.1115*** (0.1286)
个体效应	控制	控制	控制	控制
时间效应	控制	控制	控制	控制
观测值	49163	49163	49157	49157
R^2	0.2849	0.3991	0.4180	0.4308

注：*、**、***分别表示在10%、5%、1%的水平上显著，（）中的数字表示标准误，回归结果由STATA给出。

控制变量的回归结果与预期一致。企业效率对企业初始规模的影响显著为正，说明新成立企业的生产效率越高，其初始规模越大。资本密集度与融资约束变量的估计系数为负，表明资本密集型与融资约束较强的企业，初始规模可能较低。国有企业虚拟变量显著为正，外资企业虚拟变量显著为负，表明相对于私营企业而言，新进入市场的国有企业具有更高的初始规模，而外资企业初始规模则相对较低。

环境规制在抑制产能积累过程的同时，能否改善产能结构？接下来，通过企业所在行业的污染强度将样本分为两类，分别为污染密集型企业和清洁型企业，进一步考察环境规制对新生产能积累的差异化影响以及由此形成的结构效应，回归结果如表 5.8 所示。

表 5.8　　环境规制对新进入企业初始规模的结构效应

项目	污染密集型企业	清洁型企业
	（1）初始规模	（2）初始规模
环境规制	-0.0293*** (0.0081)	0.1047 (0.0980)
企业效率	0.0004*** (0.0001)	0.0005*** (0.0001)
资本密集度	-0.0006* (0.0004)	-0.0004*** (0.0001)
融资约束	-4.8732*** (1.8003)	-4.1727* (2.5044)
国有企业	0.6066*** (0.1761)	0.1227 (0.2244)
外资企业	-0.2406 (0.1826)	-0.3286** (0.1596)
常数项	9.1446*** (0.2032)	9.0937*** (0.1766)
个体效应	控制	控制
时间效应	控制	控制
观测值	23572	25585
R^2	0.4001	0.4742

注：*、**、*** 分别表示在 10%、5%、1% 的水平上显著，( ) 中的数字表示标准误，回归结果由 STATA 给出。

表 5.8 的结果显示，对于污染密集型企业而言，在 1% 显著性水平下，

环境规制对新进入企业初始规模的影响显著为负，即环境规制会缩小污染密集型企业的初始规模。然而，对于清洁型企业而言，新进入企业初始规模的影响系数并不显著，即环境规制对新进入企业初始规模的影响并未通过显著性检验。由此可见，环境规制对污染密集型企业与清洁型企业的初始规模的影响存在不对称性，即环境规制能够通过缩小污染密集型新进入企业的初始规模，驱动我国的产能结构朝着绿色减排方向发展，在企业进入阶段促进产能积累的清洁转型。

（二）环境规制对不同所有制企业初始规模的影响

鉴于不同类型企业的异质性，我们按照企业所有制特征的不同进行分样本回归，结果如表 5.9 所示。第（1）列为国有企业样本，第（2）列为外资企业样本，第（3）列为私营企业样本，回归结果显示，环境规制变量在私营企业样本显著为正，但在国有企业与外资企业的分样本回归中并不显著，结果表明，环境规制能够在一定程度上影响私营企业的初始规模，但是对于国有企业与外资企业初始规模的影响并不显著。

表 5.9　　环境规制对不同所有制企业初始规模的影响

项目	国有企业	外资企业	私营企业
	（1）初始规模	（2）初始规模	（3）初始规模
环境规制	0.3025 （0.2064）	0.0041 （0.0957）	-0.0467* （0.0240）
常数项	10.0207*** （0.3752）	8.8087*** （0.2249）	8.7959*** （0.1749）
个体效应	控制	控制	控制
时间效应	控制	控制	控制
控制变量	是	是	是
观测值	2282	12990	34242
R^2	0.7409	0.6236	0.5069

注：*、**、*** 分别表示在 10%、5%、1% 的水平上显著，（）中的数字表示标准误，回归结果由 STATA 给出。

（三）环境规制影响企业初始规模的地区异质性

鉴于区位特征的差异，不同地区新成立企业的初始规模可能具有一些差异，因此，环境规制影响企业初始规模可能具有地区异质性。依据区位特征，将样本企业分为东部地区企业与中西部地区企业，回归结果如表5.10所示。回归结果显示，环境规制变量在东部地区企业样本显著为负，但在中西部地区企业分样本回归中并不显著，结果表明，环境规制能够在一定程度上影响东部地区企业的初始规模，但是对于中西部地区企业初始规模的影响并不显著。

表5.10　　　　环境规制影响企业初始规模的地区异质性

项目	东部地区企业	中西部地区企业
	（1）初始规模	（2）初始规模
环境规制	-0.4513*** （0.1766）	-0.0700 （0.1485）
常数项	5.2312** （1.8479）	4.8396*** （1.0768）
个体效应	控制	控制
时间效应	控制	控制
控制变量	是	是
观测值	19587	6962
R^2	0.5752	0.8512

注：*、**、*** 分别表示在10%、5%、1%的水平上显著，（）中的数字表示标准误，回归结果由STATA给出。

（四）环境规制对新进入企业初始规模的影响机制

结合理论分析，我们进一步探究环境规制影响新进入企业初始规模的影响机制，引入企业成本因素与地区创新因素，利用中介效应模型，从新进入企业初始规模视角检验环境规制影响产能积累的“遵循成本效应”和“创新补偿效应”。中介效应模型的三个回归步骤结果如表5.11所示，表5.11报告了环境规制对新进入企业初始规模影响机制的检验结果。第（1）列以企业初始规模为被解释变量，环境规制为核心解释变量。第（2）列和第（3）列分别报告了以企业生产成本与技术创新为被解释变量的回归结果，以环境规制作为核心解释变量。第（4）列与第（5）列，以新进入企业初始规模为被解释变量，以环境规制为解释变量，并在基准模型中分别引入企业生产成本变量与技术创新变量。

表 5.11　　环境规制对新进入企业初始规模的影响机制

项目	初始规模	生产成本	技术创新	初始规模	
	(1)	(2)	(3)	(4)	(5)
环境规制	-0.0406* (0.0236)	0.0698* (0.0358)	1.2407*** (0.4600)	-0.0247 (0.0208)	-0.0398* (0.0236)
生产成本				0.4609*** (0.0354)	
技术创新					0.0400 (0.0352)
常数项	9.1118*** (0.1286)	6.8733*** (0.1411)	5.9597*** (0.2672)	11.3772*** (0.7877)	8.4669*** (0.5826)
个体效应	控制	控制	控制	控制	控制
时间效应	控制	控制	控制	控制	控制
控制变量	是	是	是	是	是
观测值	49142	48265	49142	48280	49157
R^2	0.4308	0.2809	0.5594	0.0344	0.4320

注：*、**、*** 分别表示在 10%、5%、1% 的水平上显著，( ) 中的数字表示标准误，回归结果由 STATA 给出。

第（2）列和第（4）列为“遵循成本效应”的检验结果。第（2）列中环境规制的系数显著为正，表明环境规制会增加企业的生产成本。第（4）列中环境规制的回归系数绝对值为 0.0247，与第（1）列中环境规制系数绝对值 0.0406 相比显著下降。此外，第（4）列中，中介变量企业生产成本的系数为负且在 1% 水平上显著。上述结果验证了环境规制对于企业初始规模的影响机制，环境规制会提高企业生产成本从而降低进入企业初始规模，即“遵循成本效应”成立。再继续观察“创新补偿效应”的检验结果。第（3）列中环境规制的回归系数为正且显著，表明环境规制能够促进技术创新。第（5）列中技术创新变量并不显著，表明样本区间内技术创新并未显著影响新进入企业的初始规模，回归结果并未支持环境规制影响企业初始规模存在“创新补偿效应”。由此可知，在企业进入阶段，环境规制主要通过“遵循成本效应”抑制新生产能的积累。

第三节 环境政策冲击与企业市场进入：基于拟自然实验

一、倾向得分匹配模型的建立

考虑内生性问题的处理，一些诸如宏观经济波动等不可观测因素可能造成环境规制与企业市场进入之间存在双向因果关系，进而影响估计结果的准确性。此外，在环境政策冲击的行业企业，可能由于某些原因，在实施相应环境规制政策之前，与未实施环境规制行业企业相比，在其他特征方面便存在显著差异，从而使得环境政策冲击对于企业市场进入的影响难以准确评估。因此，有必要在控制这些特定差异之后，再从企业进入视角衡量环境规制对新生产能积累的影响。

为了克服估计环境规制对于企业市场进入影响方面的不足，我们引入倾向得分匹配模型，将环境政策作为一次外在冲击，根据企业是否受到环境规制政策的影响，将样本划分为处理组与对照组，采取匹配模型分析环境政策对企业市场进入的平均效应。倾向得分匹配是一种非精确的匹配模型，在给定共同影响因素的情形下，估计实验条件概率的匹配模型，通常是通过 probit 或 logit 参数模型进行估计，并需要满足“条件独立性”和“共同支持条件”。

研究中假设 D 为虚拟变量，如果企业属于环境政策实施行业，D 记为 1，反之 D 记为 0。假设 $Entry$ 表示企业市场进入情况，环境规制实施行业企业的结果变量记为 $Entry_i(1)$，其他企业记为 $Entry_i(0)$。环境规制政策对企业市场进入的影响，即研究同一时期环境政策实施与未实施两种情形下对企业市场进入变化的平均影响：

$$\begin{aligned} ATET &= E[\Delta \mid x,\ Entry=1] \\ &= E[Entry_i(1) \mid x,\ Entry=1] - E[Entry_i(0) \mid x,\ Entry=1] \end{aligned} \tag{5.6}$$

由于倾向得分匹配要求满足“条件独立性”，可以进行第二步的拆分。第二步中前后两式分别表示环境政策实施行业的企业 i，在同一时期受到环境政策冲击和未受到环境政策冲击对企业市场进入影响的变化。注意到 Δ 是无法直接获得的，对于 $ATET$ 的识别关键在于对公式（5.6）中后一项的估计。

基于此，本节为处理组匹配对照组的相近企业，以此作为处理组企业未受到冲击的反事实状态。反事实状态构建的关键在于共同影响因素的选取，按照“共同支持条件”，通过倾向得分匹配方法为处理组企业寻找相应的对照组企业。参照现有文献，将共同影响因素的选定因素进行设置，运用 logit 模型进行估计，如下所示：

$$p(ex=1)=\mu(X) \tag{5.7}$$

可以得到处理组企业 i 受到环境政策冲击概率的预测值为 p_i，对照组企业 j 受到环境政策冲击概率的预测值为 p_j，环境政策冲击对于企业市场进入的影响为：

$$\gamma=\frac{1}{n}\sum_{i\in(T=1)}\left[Y_i-\sum_{j\in(T=0)}g(p_i,\ p_j)Y_j\right] \tag{5.8}$$

其中，n 为受到环境政策冲击企业的数量。函数 $g(p_i,\ p_j)$ 为未受到环境政策冲击企业作为环境政策实施行业企业的对照组时所施加的权重。本节采用核密度配对因果效应估计函数 $g(p_i,\ p_j)$，其表达式为：

$$g(p_i,\ p_j)=\frac{K\left(\frac{p_i-p_j}{h}\right)}{\sum_{j\in(T=0)}K\left(\frac{p_i-p_j}{h}\right)} \tag{5.9}$$

其中，K 为核密度的分布函数，h 代表带宽参数。分析中采取的是倾向得分匹配，并结合倍差法进一步排除不可观测且不随时间变化因素的影响。

综上所述，本节利用倾向得分匹配模型的实证分析思路为：首先，将环境政策作为一次外在冲击，将企业样本划分为受到环境政策冲击的处理组和未受到环境政策冲击的对照组，并结合之前分析的 logit 模型估计每个企业受到环境政策冲击的倾向分值；其次，根据倾向得分，为所选取的处理组企业寻找与之相近的对照组企业，以此作为处理组企业未受到冲击的反事实状态，并给予每个匹配对照组企业一个相应的权重；最后，根据处理组企业和与之相近的对照组企业市场进入概率的差异，通过加权平均的方式计算得到环境规制对企业市场进入的影响。

二、“清洁生产标准”环境政策对企业进入的经验分析

为进一步推动清洁生产，2003 年环境保护部针对部分行业制定了清洁生产标准，将企业的清洁生产技术分为国际清洁生产先进水平、国内清洁生产先进水平和国内清洁生产基本水平。基于此，本节选取“清洁

生产标准”环境政策冲击，基于拟自然实验思想，考察环境规制对企业市场进入的影响，从企业进入视角进一步评估环境规制对产能积累的影响。

为了直观分析“清洁生产标准”环境政策冲击的企业与其他企业之间的差异，对共同影响因素进行核密度分析，如图 5. 1 ~ 图 5. 5 所示。

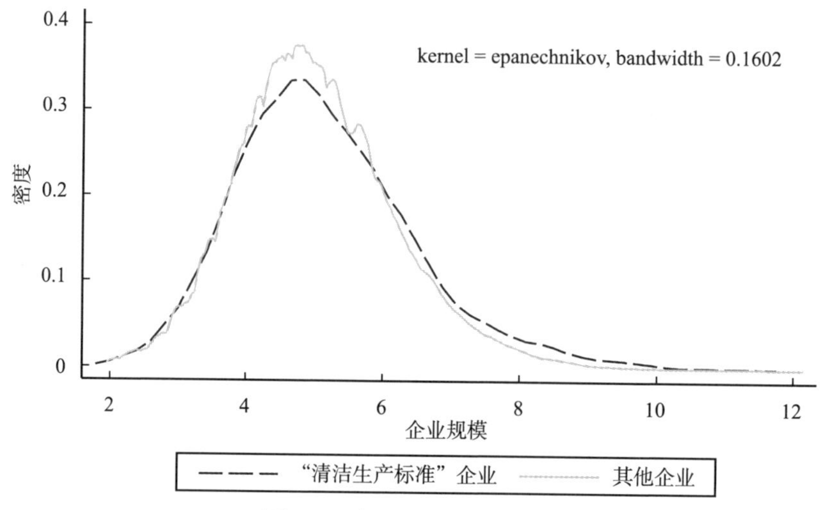

图 5. 1　企业规模核密度分布

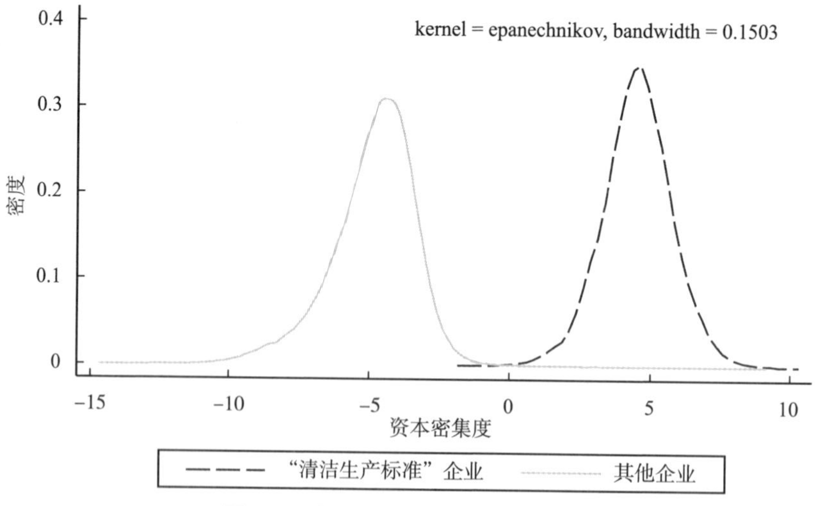

图 5. 2　企业资本密集度核密度分布

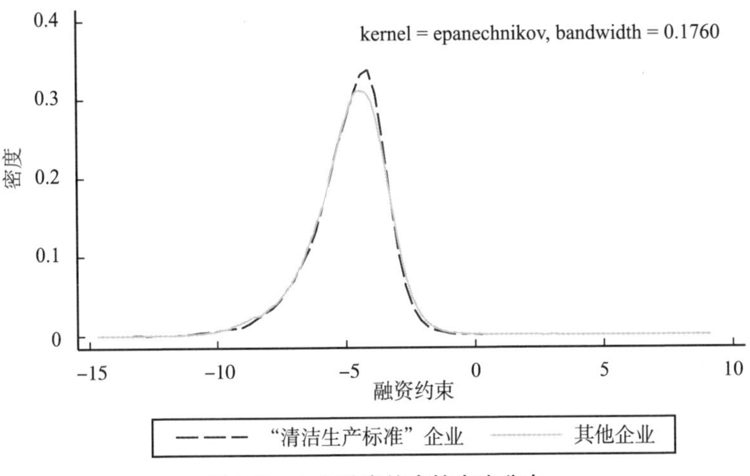

图 5.3 企业融资约束核密度分布

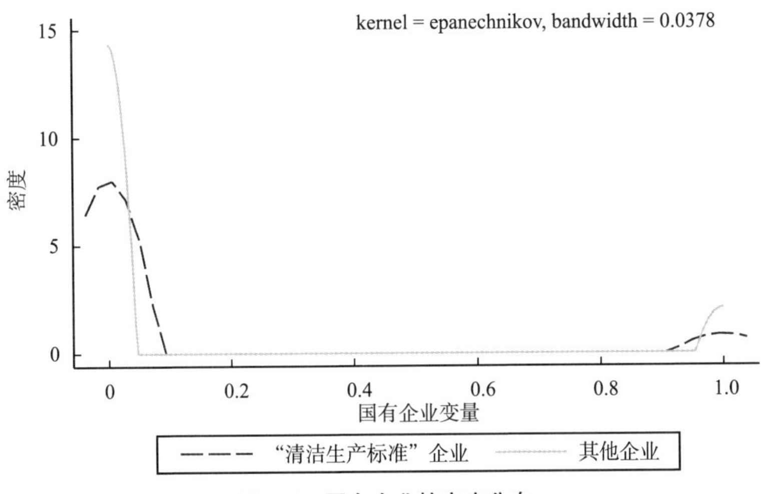

图 5.4 国有企业核密度分布

由图 5.1 ~ 图 5.5 的核密度图可以看出，“清洁生产标准”样本与非“清洁生产标准”样本企业特征变量的分布存在显著差异。为了确保匹配结果的可靠性，我们首先进行匹配平衡性检验，以考察是否满足条件独立性假设。表 5.12 报告了平衡性检验结果，可以看出匹配后各变量的标准偏差绝对值均小于 8%，满足了平衡性假设，因此可以认为本书对匹配变量和匹配方法的选取是恰当的。

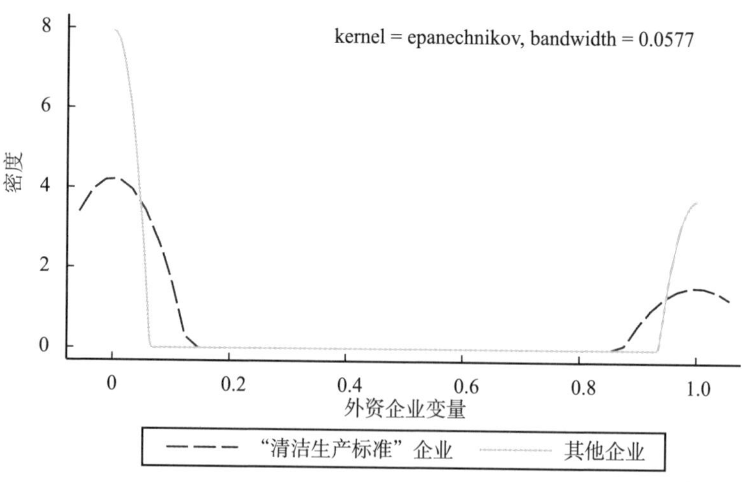

图 5.5 外资企业核密度分布

表 5.12 "清洁生产标准"环境政策的影响：平衡性检验

项目	均值		标准差	T 统计量	T 统计量的概率
	对照组	控制组			
企业规模	473.32	321.06	7.5	0.34	0.735
资本密集度	258.37	292.65	2.7	0.59	0.554
融资约束	0.0135	0.0089	0.1	0.30	0.763
国有企业	0.0777	0.0679	2.3	0.42	0.675
外资企业	0.2644	0.2972	-6.3	-0.47	0.641

接下来，采用倾向得分匹配估计方法考察"清洁生产标准"环境政策对企业市场进入的影响，分析中同时引入时间效应，考虑到可能存在的残差自相关问题，回归分析中均采用稳健标准误，结果如表 5.13 所示。第（1）列仅考虑"清洁生产标准"环境政策对企业市场进入的影响，第（2）列在第（1）列的基础上，进一步引入企业层面的控制变量。此外，为了进一步验证环境政策冲击对产能结构的影响，依据企业污染强度进行分样本回归，结果如第（3）列和第（4）列所示。

表 5.13 第（1）列显示，环境政策变量的系数为负，且在 1% 水平显著，结果表明在控制内生性之后，环境政策冲击会显著降低企业市场进入的概率，即环境规制将通过影响企业市场进入进而抑制新生产能积累。第

表 5.13 “清洁生产标准”环境政策的影响：基于倾向得分匹配估计

项目	(1) 总体样本	(2) 总体样本	(3) 污染密集型企业	(4) 清洁型企业
	企业进入	企业进入	企业进入	企业进入
“清洁生产标准”环境政策	-0.2241*** (0.0600)	-0.1541*** (0.0367)	-0.0510** (0.0209)	-0.0006 (0.0098)
企业规模		0.0719*** (0.0045)	-0.0017 (0.0048)	0.0064 (0.0098)
资本密集度		-0.0734*** (0.0063)	-0.0122 (0.0116)	-0.0253** (0.0105)
融资约束		-0.0327*** (0.0037)	-0.0161* (0.0083)	-0.0048 (0.0034)
国有企业		-0.0483*** (0.0075)	-0.0532*** (0.0066)	-0.0531*** (0.0073)
外资企业		-0.0520*** (0.0144)	0.0254 (0.0195)	-0.0049 (0.0120)
常数项	0.9982*** (0.0000)	-0.0372 (0.0523)	0.0723 (0.0518)	0.1007*** (0.0254)
时间效应	控制	控制	控制	控制
观测值	434582	434582	205544	229038
R^2	0.9999	1.0000	0.1027	0.9348

注：*、**、***分别表示在10%、5%、1%的水平上显著，()中的数字表示标准误，回归结果由STATA给出。

(2) 列进一步引入企业层面控制变量，分析结果可以看出环境政策冲击降低企业市场进入概率的结论稳健，但不考虑企业特征变量，会高估环境规制对产能积累的抑制效应。此外，第（3）列和第（4）列分别为污染密集型企业和清洁型企业的分析结果，可以看出，环境政策变量的系数均为负，但对于清洁型企业而言，环境政策冲击对企业市场进入的影响并未通过10%显著性检验。结果表明，“清洁生产标准”环境政策对污染密集型企业市场进入存在显著的抑制效应，但对于清洁型企业而言，抑制效应并不明显。倾向得分匹配模型的分析结果表明，环境规制能够从总体上抑制产能积累，并通过结构效应优化产能结构。

第四节 本章小结

企业进入市场是经济发展的动力源泉，然而，新生企业在各行业累积产能也可能成为我国产能过剩的导火线。因此，本章从企业进入视角，探究环境规制降低企业进入概率与缩小新进入企业初始规模的有效性。一方面，考察了环境规制政策如何影响企业的市场进入情况；另一方面，分析了环境规制政策对新成立企业初始规模的影响。此外，以“清洁生产标准”的环境政策为例，进一步探究了环境规制对企业市场进入的抑制效应。

第一节在界定环境规制与企业进入变量基础上，分别采用固定效应模型、分样本回归、中介效应模型等微观计量分析，从企业进入视角，探究环境规制降低企业进入概率的有效性与作用机制。基准分析结果表明，环境规制对企业产能积累的扩展边际存在负向影响，在一定程度上会降低企业进入市场的概率，从总体上能够抑制产能的过度积累。分样本回归结果表明，环境规制对污染密集型企业市场进入的抑制作用强于清洁型企业，环境规制提高了清洁型企业在市场的数量占比，在一定程度上驱动了我国产能结构朝着绿色减排方向发展。此外，环境规制对外资企业与私营企业市场进入的抑制效应显著高于国有企业。中介效应模型支持了“遵循成本效应”与“创新补偿效应”是环境规制抑制新生产能积累的传导路径。

第二节从新进入企业初始规模层面考察环境规制对新生产能积累的影响。基准分析分别从总体效应与结构效应两个方面，考察环境规制对新进入企业初始规模的影响。结果表明，环境规制将缩小新进入企业的初始生产规模，在一定程度上抑制了新生产能积累，验证了环境规制政策能够通过降低企业初始规模进而促进产能过剩的治理。此外，环境规制对污染密集型企业与清洁型企业初始规模的影响存在不对称性，即环境规制能够通过缩小污染密集型企业的初始规模，驱动我国的产能结构朝着绿色减排发展。此外，环境规制主要通过增加生产成本导致企业缩减初始规模，最终抑制新生产能的积累，即“遵循成本效应”占主导。

第三节为了克服环境规制与企业市场进入的内生性问题，进一步引入拟自然实验，以“清洁生产标准”为例，按企业是否属于环境政策冲击行业，将企业样本划分为处理组和对照组，通过倾向得分匹配估计，考察了环境规制对企业市场进入的影响。结果表明，在控制内生性问题后，环境规制将通过降低企业进入概率抑制新生产能积累的结论稳健。此外，“清洁生产标准”环境政策对污染密集型企业市场进入的抑制效应强于清洁型企业，说明环境规制通过对不同污染强度企业市场进入抑制效应的不对称性，在产能积累环节提高了清洁产能的占比，促进了产能的清洁转型。

第六章　环境规制与在位产能升级：基于企业存续视角

第一节　环境规制对存续企业产能利用率的影响研究

一、实证分析框架：模型与数据

（一）计量模型

结合理论分析，本章重点关注环境规制与存续企业“去产能”的关系，从产能利用率提升视角，设定计量模型如下：

$$h_{it} = \alpha_0 + \alpha_1 ERI_{it} + \alpha_2 X_{it} + \eta_i + \eta_t + \varepsilon_{it} \tag{6.1}$$

其中，i 表示企业，t 表示年份。h_{it}表示企业的产能利用率，作为被解释变量，其数值介于 0～1 之间；ERI_{it}代表环境规制强度，为核心解释变量，采用综合指数法进行衡量；X_{it}表示控制变量，η_i 和 η_t 分别表示个体与时间固定效应；ε_{it}为随机扰动项。环境规制各项指标数据来自《中国环境年鉴》与《中国环境统计年鉴》，企业层面数据主要来自国家统计局的中国工业企业数据库。

（二）控制变量

根据既有文献，模型中引入的控制变量包括：

（1）劳动生产率。劳动生产率与企业的经营绩效与竞争力息息相关，因而也会影响到企业的产能利用率，采用工业总产值与就业人数比值进行衡量。

（2）企业规模。企业规模的差异不仅会影响企业的管理水平与应对市场风险的能力，也会影响企业投资决策与市场地位，最终作用于企业的产能利用率。采用企业雇用工人数量的对数值进行衡量。

（3）技术创新。技术创新能够提高单位成本企业的产出，根据企业是否存在创新产出，构建二元虚拟变量衡量企业的创新能力。

（4）融资约束。融资约束会增加企业投资与研发的难度，从而对企业的产能利用率产生影响，采用财务费用与总资产的比值衡量。

（5）企业经营年限。企业经营年限会影响管理能力与投资决策，进而影响产能利用率。经营年限通过企业当年年份与成立年份的差值计算得到。

二、实证结果分析与讨论

（一）基准结果

依据公式（6.1）基准回归模型，以企业层面产能利用率作为被解释变量，核心解释变量为环境规制强度，回归结果如表6.1所示，回归分析中采用了个体与时间双固定效应模型，以消除系统性偏差。第（1）列仅加入核心解释变量，环境规制强度回归系数在1%水平显著为正，说明环境规制在一定程度上会提高存续企业的产能利用率水平，验证了理论命题的结论。为了进一步检验上述结论，在第（2）列中引入相关控制变量，在第（3）列中，引入国有企业与外资企业的虚拟变量。从第（2）列和第（3）列的估计结果可知，环境规制的系数均为正，且在1%水平上显著。其他控制变量的回归结果与预期一致，企业规模与经营年限系数显著为正，表明大企业能克服小企业投资潮涌与市场涌入引致的产能重复建设，而经营管理经验的累积也会对企业的产能利用率具有一定的积极作用。融资约束系数显著为负，表明融资约束在一定程度上会增加企业投资与研发的难度，从而降低企业的产能利用率。此外，国有企业虚拟变量显著为正，外资企业虚拟变量显著为负，表明国有企业的产能利用率最高，私营企业次之，而外资企业最低，回归结果与之前特征性描述事实一致。其可能的原因在于，部分国有垄断企业的高产能利用率，导致国有企业的平均产能利用率提高，以至于超过民营企业和外资企业。

由于政策实施效果需要一定的时间，因而将回归中环境规制强度进行一期滞后，以克服政策实施时滞所带来的偏差。回归结果如表6.1中第（4）列所示，可以看出环境规制变量的系数依然显著为正，即环境规制在一定程度上会提高存续企业的产能利用率水平，验证了之前回归结果的稳健性。此外，由于企业产能利用率的分布是介于0~1之间，被解释变量具有双截尾特征，因此，第（5）列采用面板Tobit模型进行回归。回归结果显示，环境规制变量的系数显著为正，表明环境规制对存续企业产能利用率存在稳定的促进作用。

表 6.1 环境规制影响企业产能利用率的基准回归

项目	(1)	(2)	(3)	(4)	(5)
	产能利用率	产能利用率	产能利用率	产能利用率	产能利用率
环境规制	0.0019 *** (0.0002)	0.0018 *** (0.0002)	0.0015 *** (0.0002)	0.0011 *** (0.0003)	0.0006 *** (0.0002)
企业规模		0.0021 *** (0.0003)	0.0020 *** (0.0003)	0.0024 *** (0.0005)	0.0018 *** (0.0003)
融资约束		-0.0158 ** (0.0000)	-0.0165 *** (0.0000)	-0.0222 *** (0.0028)	-0.0203 *** (0.0000)
企业经营年限		0.0000 *** (0.0000)	0.0000 ** (0.0000)	0.0000 ** (0.0000)	0.0000 ** (0.0000)
国有企业			0.0120 *** (0.0009)	0.0157 *** (0.0014)	0.0123 *** (0.0009)
外资企业			-0.0534 *** (0.0008)	-0.0539 *** (0.0011)	-0.0538 *** (0.0008)
常数项	0.7023 *** (0.0011)	0.7123 *** (0.0019)	0.7157 *** (0.0018)	0.6911 *** (0.0027)	0.7149 *** (0.0018)
个体效应	控制	控制	控制	控制	控制
时间效应	控制	控制	控制	控制	控制
R^2	0.0218	0.0221	0.0232	0.0258	
观测值	645255	644749	644749	321916	644749

注：*、**、*** 分别表示在 10%、5%、1% 的水平上显著，( ) 中的数字表示标准误，回归结果由 STATA 给出。

（二）稳健性分析

1. 分样本的稳健性检验

面对环境规制强度的提升，不同污染强度的企业受到的影响可能存在较大差异。因此，在总体回归的基础上，以各行业污染排放强度的中位数作为依据，将样本企业分为污染密集型企业与清洁型企业。依据企业不同类型，分样本检验环境规制对存续企业产能利用率的差异化影响，回归结果如表 6.2 所示。

表 6.2　　企业污染强度对环境规制与产能利用率之间关系的影响

项目	（1）污染密集型企业	（2）清洁型企业
	产能利用率	产能利用率
环境规制	0.0085*** （0.0003）	0.0056*** （0.0003）
企业规模	0.0013*** （0.0004）	0.0024*** （0.0004）
融资约束	0.0000 （0.0000）	-0.0027*** （0.0007）
企业经营年限	0.0000 （0.0000）	0.0000*** （0.0000）
国有企业	0.0111*** （0.0013）	0.0125*** （0.0013）
外资企业	-0.0558*** （0.0010）	-0.0493*** （0.0011）
常数项	0.7003*** （0.0027）	0.7104*** （0.0026）
个体效应	控制	控制
时间效应	控制	控制
R^2	0.0249	0.0208
观测值	344066	300683

注：*、**、*** 分别表示在 10%、5%、1% 的水平上显著，() 中的数字表示标准误，回归结果由 STATA 给出。

表 6.2 的结果显示，无论是污染密集型企业还是清洁型企业，在 1% 显著性水平下，环境规制对存续企业产能利用率的影响均为正，即环境规制会提升企业产能利用率水平。具体比较第（1）列和第（2）列，环境规制对污染密集型企业和清洁型企业产能利用率的影响系数分别为 0.0085 和 0.0056，这说明环境规制对污染密集型企业产能利用率的促进作用更强。其可能的经济学解释为：由于污染密集型企业应对环境规制强度提升所需成本更高，环境规制引致的利润空间压缩更大，因此，污染密集型企业更有动力缩减投资规模或者进行技术创新，最终对企业产能利用率的提

升产生积极影响。

此外，考虑到我国地区的发展不平衡特征，有必要分地区考察环境规制对产能利用率的异质性影响，一方面可以检验环境规制对企业产能利用率总体影响的稳健性，另一方面有利于针对我国不同地区的现状制定差异性环境政策。根据企业区位特征，分样本检验环境规制对于东部地区企业与中西部地区企业产能利用率的差异化影响，结果如表6.3所示。

表6.3 企业区位特征对环境规制与产能利用率之间关系的影响

项目	（1）东部地区企业	（2）中西部地区企业
	产能利用率	产能利用率
环境规制	0.0886 *** (0.0140)	0.0099 *** (0.0092)
企业规模	0.0079 *** (0.0008)	0.0193 *** (0.0017)
融资约束	0.0000 (0.0000)	0.0010 (0.0018)
企业经营年限	0.0000 (0.0000)	0.0000 (0.0000)
国有企业	0.0034 ** (0.0017)	0.0011 (0.0026)
外资企业	-0.0023 *** (0.0009)	-0.0046 *** (0.0004)
常数项	0.2262 *** (0.0819)	0.9090 *** (0.1156)
时间效应	控制	控制
个体效应	控制	控制
R^2	0.0265	0.0146
观测值	553032	125664

注：*、**、*** 分别表示在10%、5%、1%的水平上显著，（）中的数字表示标准误，回归结果由STATA给出。

与总体样本回归分析结论一致，对于不同区位特征企业而言，环境规制政策均会在一定程度上提高企业的产能利用率，验证了之前的研究结论。比较不同地区样本企业中环境规制的系数可知，环境规制对东部地区企业产能利用率的提升效应明显高于中西部地区。相应的经济学解释为，东部地区具有更强的环境规制政策强度与执法强度，企业面临更高的生产成本与污染治理成本，因此有更强的意愿进行技术创新，从而环境规制对东部地区企业产能利用率的提升作用更强；而对于中西部地区而言，其环境规制执法强度相对于东部地区较弱，表明中西部地区企业进行研发创新的意愿较弱，因此环境规制对于企业产能利用率的促进效应相对较弱。

2. 替代指标的稳健性检验

环境规制强度是基于行业层面指标构建的，易造成宏微观匹配过程中的偏差，因此我们利用企业层面环境规制的替代指标进行稳健性检验。参照徐保昌和谢建国（2016）的做法，采用工业企业排污上缴费用总额与企业工业总产值的比值对环境规制强度进行测度。在分析中将环境规制指标滞后一期以解决内生性问题，由于中国工业企业数据仅在 2004 年统计了企业的排污费，研究样本选取 2004 ~ 2005 年中国工业企业数据。表 6.4 第（1）列的回归结果显示，环境规制的系数显著为正，表明不管是利用行业层面的环境规制指标，还是选取企业层面的环境规制指标，我们的研究结论都保持稳健，即环境规制对企业产能利用率具有正向影响。

表 6.4　　基于环境规制微观指标与工具变量的稳健性检验

项目	(1)	(2)
	产能利用率	产能利用率
环境规制	1.2865*** (0.4065)	0.0006** (0.0002)
企业规模	0.0032*** (0.0008)	0.0021*** (0.0002)
融资约束	-0.0494*** (0.0090)	-0.0000*** (0.0000)
企业经营年限	0.0001 (0.0001)	-0.0000 (0.0000)
国有企业	0.0230*** (0.0035)	0.0216*** (0.0009)

续表

项目	(1)	(2)
	产能利用率	产能利用率
外资企业	-0.0485*** (0.0018)	-0.0607*** (0.0006)
常数项	0.6442*** (0.0041)	0.6553*** (0.0014)
个体效应	控制	控制
时间效应	控制	控制
R^2	0.0147	0.0247
LM 统计量		1.4e+05 (0.0000)
Wald F 统计量		3.4e+05 [16.38]
观测值	63976	644749

注：*、**、*** 分别表示在10%、5%、1%的水平上显著，( ) 中的数字表示标准误，回归结果由 STATA 给出。LM 统计量用于检测工具变量与内生变量的相关性，若拒绝原假设则表明工具变量的选取是可信的，其中 ( ) 内为 LM 统计量的 p 值；Wald F 统计量用于检验工具变量是否为弱识别，若拒绝原假设则表明工具变量的选取是可信的，其中 [ ] 内为10%水平的临界值。

利用工具变量法进一步克服内生性所带来的有偏和不一致性，选取行业能源消费总量标准煤的滞后一期作为环境规制的工具变量。原因在于各行业能源标准煤与环境规制密切相关，能源标准煤越高，该行业的环境规制强度将越高，此外滞后一期的历史变量并不会受到当期环境规制水平的影响，因此采用能源标准煤滞后一期作为环境规制的工具变量是可行的。表6.4第（2）列的结果显示，环境规制的系数显著为正，表明环境规制能够提升存续企业的产能利用率，促进在位产能的升级。此外，LM 统计量和 Wald F 统计量分别在1%显著性水平下拒绝工具变量与内生变量的相关性和工具变量为弱识别的原假设，验证了工具变量的有效性。

（三）影响机制

基准分析与稳健性分析都验证了环境规制可以提高企业的产能利用率水平，接下来引入企业成本因素与创新因素，利用中介效应模型检验环境规制影响过剩产能治理的“遵循成本效应”和“创新补偿效应”，进一步探究环境规制影响存续企业产能利用率的作用机制。

$$h_{it} = \alpha_0 + \alpha_1 ERI_{it} + \alpha_2 X_{it} + \eta_i + \eta_t + \varepsilon_{it} \tag{6.2}$$

$$MV_{it} = \alpha_0 + \alpha_1 ERI_{it} + \alpha_2 X_{it} + \eta_i + \eta_t + \varepsilon_{it} \tag{6.3}$$

$$h_{it} = \alpha_0 + \alpha_1 ERI_{it} + \beta MV_{it} + \alpha_2 X_{it} + \eta_i + \eta_t + \varepsilon_{it} \tag{6.4}$$

其中，MV_{it}代表中介变量，具体包括企业生产成本变量和技术创新变量。企业生产成本依据会计准则计算得到并进行对数化处理，技术创新水平依据企业新产品产值加总得到各行业新产品产值并进行对数化处理。中介效应模型的具体回归过程为：首先，进行因变量（h_{it}）对基本自变量（ERI_{it}）的回归，在表6.1的回归中已经完成；其次，进行中介变量（MV_{it}）对基本自变量（ERI_{it}）的回归；最后，将因变量（h_{it}）同时对自变量（ERI_{it}）和中介变量（MV_{it}）进行回归分析。后面两步的回归结果如表6.5所示。

表6.5　　　　环境规制对产能利用率影响机制的中介效应模型

项目	生产成本	技术创新	产能利用率	
	(1)	(2)	(3)	(4)
环境规制	0.0092*** (0.0006)	0.0733*** (0.0008)	0.0010*** (0.0002)	0.0012*** (0.0002)
生产成本			0.0295*** (0.0004)	
技术创新				0.0100*** (0.0003)
常数项	3.6863*** (0.0055)	16.0651*** (0.0076)	0.8170*** (0.0023)	0.8750*** (0.0052)
个体效应	控制	控制	控制	控制
时间效应	控制	控制	控制	控制
控制变量	是	是	是	是
R^2	0.4031	0.9930	0.0326	0.0273
观测值	644524	644749	644524	644749

注：*、**、***分别表示在10%、5%、1%的水平上显著，()中的数字表示标准误，回归结果由STATA给出。

表6.5报告了环境规制对产能利用率影响机制的检验结果。第（1）

列以企业生产成本为被解释变量，结果显示，环境规制的系数显著为正，表明环境规制强度增加会提高企业的生产成本。第（3）列报告了因变量（h_{it}）同时对自变量（ERI_{it}）和中介变量（MV_{it}）的回归结果，可以发现第（3）列中环境规制的回归系数为0.0010，与表6.1基准模型系数估计值0.0015相比显著下降。中介变量企业生产成本的系数为正且在1%水平上显著，上述结果验证了企业生产成本是环境规制作用于产能利用率的中介变量，环境规制引致的企业成本增加使得企业缩减产能投资规模并优化资源配置，从而促进产能利用率的提升，即"遵循成本效应"成立。

同样的，表6.5第（2）列和第（4）列报告了环境规制对企业产能利用率"创新补偿效应"的检验结果。第（2）列以中介变量技术创新作为被解释变量，环境规制系数显著为正，表明环境规制能够提高相关行业的技术创新水平。第（4）列同时引入环境规制与中介变量，可以看出，环境规制的回归系数为0.0012且显著，并且中介变量技术创新系数显著为正。上述结果验证了技术创新是环境规制作用于产能利用率的中介变量，环境规制强度提高将激励企业进行技术创新，从而拉高整个行业的竞争程度与环境标准，最终提升存续企业的产能利用率，即"创新补偿效应"成立。

接下来，利用中介效应模型分别对污染密集型企业与清洁型企业的传导机制进行检验，回归结果如表6.6和表6.7所示。表6.6和表6.7的回归结果表明，环境规制的两种影响机制因污染强度的不同而存在显著的差异。表6.6第（1）列和第（2）列中环境规制系数显著为正，说明环境规制会同时增加企业生产成本与行业技术创新。第（3）列和第（4）列中环境规制系数低于基准回归中环境规制变量的系数，并且生产成本与技术创新系数均显著为正。结果表明，环境规制对污染密集型企业产能利用率的促进作用通过"遵循成本效应"与"创新补偿效应"实现。

表6.6　环境规制对污染密集型企业产能治理的影响机制分析

项目	生产成本	技术创新	产能利用率	
	(1)	(2)	(3)	(4)
环境规制	0.0310*** (0.0009)	0.1825*** (0.0015)	0.0040*** (0.0003)	0.0040*** (0.0003)
生产成本			0.0276*** (0.0006)	

续表

项目	生产成本	技术创新	产能利用率	
	(1)	(2)	(3)	(4)
技术创新				0.0058 *** (0.0004)
常数项	3.7434 *** (0.0078)	16.6382 *** (0.0127)	0.7974 *** (0.0034)	0.7981 *** (0.0066)
个体效应	控制	控制	控制	控制
时间效应	控制	控制	控制	控制
控制变量	是	是	是	是
R^2	0.7174	0.9755	0.0328	0.0269
观测值	343956	344066	343956	344066

注：*、**、*** 分别表示在 10%、5%、1% 的水平上显著，( ) 中的数字表示标准误，回归结果由 STATA 给出。

表 6.7　环境规制对清洁型企业产能治理的影响机制分析

项目	生产成本	技术创新	产能利用率	
	(1)	(2)	(3)	(4)
环境规制	0.0013 (0.0010)	0.0453 *** (0.0008)	0.0017 *** (0.0003)	0.0025 *** (0.0003)
生产成本			0.0308 *** (0.0006)	
技术创新				0.0197 *** (0.0007)
常数项	3.6636 *** (0.0081)	15.7917 *** (0.0069)	0.8167 *** (0.0034)	1.0209 *** (0.0113)
个体效应	控制	控制	控制	控制
时间效应	控制	控制	控制	控制
控制变量	是	是	是	是
R^2	0.6991	0.9931	0.0317	0.0274
观测值	300568	300683	300568	300683

注：*、**、*** 分别表示在 10%、5%、1% 的水平上显著，( ) 中的数字表示标准误，回归结果由 STATA 给出。

表6.7第（1）列中环境规制变量的系数并不显著，表明环境规制对于清洁型企业生产成本影响不大，即环境规制对产能过剩治理并不存在显著的“遵循成本效应”。第（2）列中环境规制的系数显著为正，第（4）列中环境规制的系数显著为正且低于基准回归中环境规制的系数，结果表明，对于清洁型企业而言，环境规制对企业产能利用率的影响机制仅存在“创新补偿效应”。

第二节　环境规制与行业产能利用率分布

一、指标构建

目前为止，我们已经从产能利用率视角细致地研究了环境规制的影响，并区分了不同污染强度企业所受影响的差异性。近年来，越来越多的学者开始关注企业动态变化所呈现的行业内分布特征，主要包括成本加成率分布与企业规模分布等问题。我们已然从企业视角解构了环境规制与产能利用率问题，那么我们不禁要问，环境规制对企业动态影响所呈现出的行业特征如何？为了回答上述问题，有必要讨论环境规制对行业产能利用率分布的影响，探究环境规制的资源配置效率。

关于行业分布特征测度，早期文献普遍采用基尼指数进行研究。然而，由于基尼指数测度过程存在诸如均值独立性、样本规模独立性、对称性等一系列强假设条件，在进行分解与统计检测时易导致误差。因此，其他熵值法被用来对基尼指数进行补充和完善，其中最广泛应用的便是泰尔指数。参照陆和于（Lu and Yu，2015）的研究，构建泰尔指数测度行业产能利用率的分布，具体如下所示：

$$Theil_{jt} = \frac{1}{n_{jt}} \sum_{i=1}^{n_{jt}} \frac{h_{ijt}}{\bar{h}_{jt}} \log\left(\frac{h_{ijt}}{\bar{h}_{jt}}\right) \tag{6.5}$$

其中，i 代表企业，j 代表行业，t 表示年份；n_{jt} 表示行业 j 在 t 期的企业数目；h_{ijt} 表示企业 i 在 t 期的产能利用率；$\bar{h}_{jt}$ 表示行业 j 在 t 期的平均产能利用率。泰尔指数与行业产能利用率离散度成正比，即泰尔指数越大，表征行业产能利用率离散度越高，即行业内企业产能利用率分布越不均匀。此外，为了稳健起见，分别采用基尼指数与变异系数作为行业产能利用率分布的替代衡量指标。其中，变异系数的具体形式如下所示：

$$CV_{jt}=\frac{hsd_{jt}}{\bar{h}_{jt}} \tag{6.6}$$

其中，hsd_{jt}代表行业 j 中企业产能利用率的标准差。图 6.1 给出样本区间内 3 种方法测度行业产能利用率分布的变化趋势。结果显示，自 2000 年以来行业产能利用率离散度总体上呈上升趋势，这意味着各行业内企业间产能利用率的差距在进一步扩大。

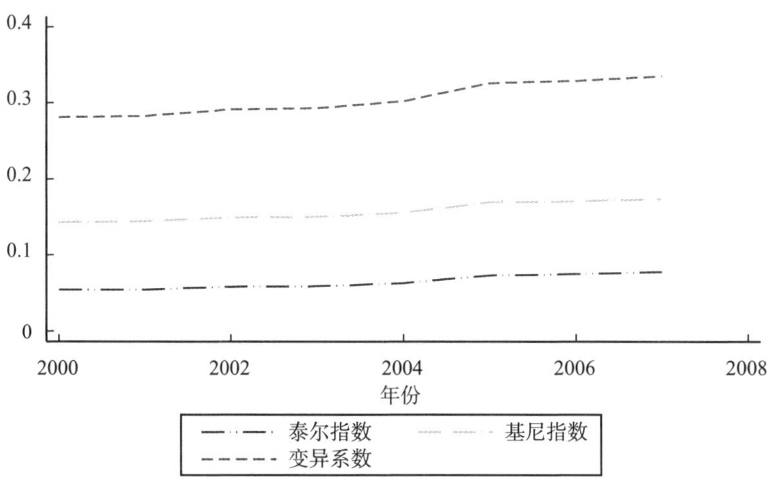

图 6.1　产利用率分布趋势

二、计量模型

为了考察环境规制对行业产能利用率分布的影响，我们将上述测度的产能利用率离散度指标作为被解释变量，实证模型如下所示：

$$h\_disper_{jt}=\beta_0+\beta_1 ERI_{jt}+\beta_2 X_{jt}+\eta_j+\eta_t+\varepsilon_{jt} \tag{6.7}$$

其中，j 表示行业，t 表示年份；h_disper_{jt}代表行业产能利用率离散度，具体包括泰尔指数、基尼指数与变异系数；ERI_{jt}代表行业环境规制强度，为核心解释变量。η_j 和 η_t 分别表示个体固定效应和时间固定效应；ε_{jt}为随机误差项。X_{jt}为行业层面控制变量，参照已有研究（Lu and Yu，2015；董敏杰等，2015），分别选取以下变量：第一，市场集中度。采用赫芬达尔 - 赫希曼指数（*HHI*）进行测度，该指数与行业集中度为正相关关系，即 *HHI* 数值越大表示行业集中度越高。采用该指数控制市场竞争程度对行业产能利用率离散度的影响。第二，行业资本密集度。采用行业固定资产与行业就业人数的比值衡量，并进行对数化处理。采用该指标控制行业内资本比例对行业产能利用率离散度的影响。第三，行业就业规模。采用行业企业就业人数的对数值衡量，用以控制行业整体规模对行业产能利用率离散度的影响。第四，行业出口密集度。采用行业出口规模与行业销售规模的比值表示，用以控制外部市场需求对行业产能利用率离散度的影响。

三、经验分析

回归中采用面板 Tobit 模型进行分析，表 6.8 报告了环境规制影响行业产能利用率离散度的估计结果。第（1）列仅引入以泰尔指数衡量的行业产能利用率分布作为被解释变量，可以看出环境规制强度系数显著为负，验证了环境规制会降低行业产能利用率的离散度，即环境规制使得各行业内存续企业产能利用率的分布更加均匀。第（2）列和第（3）列分别报告了以基尼指数与变异系数为被解释变量的回归结果，可以发现环境规制变量的系数仍然显著为负，表明环境规制从总体上降低了行业产能利用率的离散度。第（4）列~第（6）列进一步引入行业层面控制变量，结果显示环境规制变量的符号与显著性不变，再次验证了环境规制能够从总体上缩小行业内存续企业间产能利用率的差距，提高资源配置效率。

表 6.8　环境规制与行业产能利用率离散度

项目	(1) 泰尔指数	(2) 基尼指数	(3) 变异系数	(4) 泰尔指数	(5) 基尼指数	(6) 变异系数
环境规制	-0.0023** (0.0011)	-0.0043*** (0.0016)	-0.0073** (0.0030)	-0.0026** (0.0011)	-0.0041** (0.0016)	-0.0068** (0.0030)
HHI				-0.0019*** (0.0005)	-0.0147*** (0.0005)	-0.0074*** (0.0007)
资本密集度				-0.0117*** (0.0042)	-0.0162*** (0.0061)	-0.0308*** (0.0112)
行业规模				0.0025*** (0.0007)	0.0012*** (0.0004)	0.0038*** (0.0003)
出口密集度				0.0198* (0.0120)	0.0332* (0.0175)	0.0534* (0.0319)
常数项	0.0217*** (0.0036)	0.0860*** (0.0053)	0.1904*** (0.0097)	0.0959** (0.0380)	0.1305** (0.0555)	0.2612*** (0.1013)
个体效应	控制	控制	控制	控制	控制	控制

续表

项目	(1) 泰尔指数	(2) 基尼指数	(3) 变异系数	(4) 泰尔指数	(5) 基尼指数	(6) 变异系数
时间效应	控制	控制	控制	控制	控制	控制
对数似然值	560.503***	481.989***	364.489***	641.134***	574.028***	455.461***
rho 值	0.5051 (0.0832)	0.5941 (0.0780)	0.5296 (0.0826)	0.7508 (0.0633)	0.8470 (0.0426)	0.8248 (0.0490)
观测值	208	208	208	208	208	208

注：*、**、*** 分别表示在 10%、5%、1% 的水平上显著，() 中的数字表示标准误，回归结果由 STATA 给出。

上述研究表明，环境规制从总体上降低了行业产能利用率离散度，进而改善了行业资源配置。接下来，将样本划分为污染密集行业和清洁行业，通过分样本回归进一步讨论环境规制对不同污染强度行业产能利用率分布的影响，一方面可以验证研究结论是否稳健，另一方面也可以考察环境规制对不同污染强度行业影响的异质性。回归结果如表 6.9 所示。

表 6.9　　环境规制、污染强度与行业产能利用率离散度

项目	污染密集行业			清洁行业		
	(1) 泰尔指数	(2) 基尼指数	(3) 变异系数	(4) 泰尔指数	(5) 基尼指数	(6) 变异系数
环境规制	-0.0038** (0.0015)	-0.0055** (0.0023)	-0.0097** (0.0041)	0.0016 (0.0017)	0.0018 (0.0021)	0.0039 (0.0037)
常数项	0.0071*** (0.0005)	0.0086*** (0.0006)	0.0154*** (0.0011)	0.0091*** (0.0006)	0.0140*** (0.0009)	0.0257*** (0.0017)
个体效应	控制	控制	控制	控制	控制	控制
时间效应	控制	控制	控制	控制	控制	控制
控制变量	是	是	是	是	是	是
对数似然值	217.879	284.478	333.838	233.945	288.494	310.847
rho 值	0.7199 (0.1033)	0.7771 (0.0842)	0.7431 (0.0925)	0.8592 (0.0562)	0.8885 (0.0456)	0.7955 (0.0775)
观测值	96	96	96	112	112	112

注：*、**、*** 分别表示在 10%、5%、1% 的水平上显著，() 中的数字表示标准误，回归结果由 STATA 给出。

观察表6.9第（1）列～第（3）列的回归结果可以看出，对于污染密集行业样本，环境规制的系数显著为负，表明环境规制促使污染密集行业内存续企业的产能利用率分布更加均匀。继续观察第（4）列～第（6）列的回归结果，可以发现环境规制的系数均不显著，表明环境规制对清洁行业内存续企业产能利用率分布的影响并不明显。对此可能的解释为，污染密集行业对环境的损害较大，当环境规制提高时，行业内效率较高企业将率先进行绿色技术创新以实现清洁化生产，其技术创新的溢出效应将提高行业内其他企业的资源利用与生产效率，从而提高了产能利用率。此外，污染密集行业中部分落后产能企业可能会在环境规制的影响下退出市场，为行业内在位企业的发展提供了更多的资源与市场份额，也为在位企业提高产能利用率带来动力，进而使得污染密集行业产能利用率分布趋向均匀。而对于清洁行业而言，环境成本在总成本中的占比远远低于污染密集行业，并且受到环境规制冲击的程度较低，因此环境规制对清洁行业产能利用率分布的影响并不显著。

第三节　本章小结

在位产能升级是经济持续发展的关键，也是化解产能过剩的重要突破口。因此，本章从企业存续视角探究环境规制提升存续企业产能利用效率的有效性。在异质性企业框架下，考察了环境规制政策如何影响存续企业的产能效率与分布特征，从产能利用率视角讨论了环境规制作用下存续企业的产能升级问题。

第一节基于环境规制政策与高度细化的微观企业匹配数据，建立微观企业产能利用率指标与宏观层面环境规制指标，分别采用固定效应模型、分样本回归与中介效应模型相结合的实证分析方法，考察了环境规制对存续企业产能利用率的影响。基准分析结果表明，环境规制强度增加有利于促进企业产能利用率的提升，分样本回归结果在一定程度上验证了基准分析研究结论的稳健性，并且发现环境规制对污染密集型企业产能利用率的促进作用更强。中介效应模型揭示了环境规制对于存续企业产能利用率的影响机制，发现企业生产成本和技术创新是环境规制作用于产能利用率的中介变量，即“遵循成本效应”与“创新补偿效应”均成立。对于污染密集型企业而言，环境规制影响存续企业产能利用率的“遵循成本效应”

与“创新补偿效应”同样显著。而对于清洁型企业而言，环境规制影响企业产能利用率仅存在“创新补偿效应”，“遵循成本效应”则并不显著。

第二节采用泰尔指数、基尼指数与变异系数，测度行业产能利用率的分布特征，以考察环境规制与行业产能利用率分布之间的关系，探究环境规制的资源配置效率。基准研究表明，环境规制降低了行业产能利用率的离散度，从总体上缩小了行业内存续企业间产能利用率的差距，进而改善了行业的资源配置。采用基尼指数与变异系数的稳健性检验均支持了上述结论。分样本回归结果表明，随着环境规制的加强，污染密集行业内存续企业的产能利用率分布更加均匀，而环境规制对清洁行业内存续企业产能利用率分布的影响并不明显，即环境规制对于污染密集行业与清洁行业产能利用率分布的影响存在不对称性。

第七章　环境规制与落后产能淘汰：基于企业退出视角

第一节　环境规制对“僵尸企业”退出的影响研究

一、实证分析框架：模型与数据

（一）基准模型设定

结合理论分析，本章从“僵尸企业”退出视角讨论环境规制与“去产能”的关系，将实证分析的基准模型设定为：

$$Zexit_{it} = \alpha_0 + \alpha_1 ERI_{it} + \alpha_2 X_{it} + \eta_i + \eta_t + \varepsilon_{it} \tag{7.1}$$

其中，i 表示企业，t 表示年份。$Zexit_{it}$代表“僵尸企业”的退出，具体界定方式参见那米尼等（Namini et al.，2013）的方法，当“僵尸企业”在 t 期存在但在 $t+1$ 期从样本中消失记为退出市场。需要说明的是，受到样本可获得性的限制，当“僵尸企业”退出工业企业样本时，可能由于经营状况的恶化或销售额低于500万元的水平，与之前经营状况相比，本节认为该企业经营已近十分困难，退出市场的风险已经很高，因此采用目前通用方式，以企业退出样本时期近似作为企业退出市场时期。

ERI_{it}为环境规制强度，是核心解释变量，采用综合指数法进行衡量。X_{it}表示控制变量，主要包括：第一，企业规模。企业规模与其市场地位和竞争力具有直接关系，最终对企业退出市场产生影响。采用企业雇用工人数量的对数值进行衡量。第二，融资约束。融资约束会增加企业不确定性风险，提高企业创新与研发的难度，因而也会影响企业退出市场的可能性，采用财务费用与总资产的比值衡量。第三，企业经营年限。企业的经营是否稳定也会影响企业的死亡率，经营年限通过计算企业当年年份与成立年份的差值得到。第四，企业所有制。鉴于企业所有制特征的差异，不同类型企业的内部治理结构会存在显著的异质性，同时还会影响企业获取资源与政策支持的能力，最终影响企业的死亡率。参照刘斌和王乃嘉（2016）的研究，分别以国有资本、外商资本占比是否超过50%和25%作为国有企业和外资企业界定的标准。此外，η_i 和 η_t 分别表示个体与时间固定效应；ε_{it}为随机扰动项。

（二）影响机制模型设定

为了验证环境规制影响“僵尸企业”退出的影响机制，我们进一步扩展基准模型，引入企业成本因素与创新因素，利用中介效应模型检验环境规制影响产能过剩治理的“遵循成本效应”和“创新补偿效应”。

$$Zexit_{it} = \alpha_0 + \alpha_1 ERI_{it} + \alpha_2 X_{it} + \eta_i + \eta_t + \varepsilon_{it} \tag{7.2}$$

$$MV_{it} = \alpha_0 + \alpha_1 ERI_{it} + \alpha_2 X_{it} + \eta_i + \eta_t + \varepsilon_{it} \tag{7.3}$$

$$Zexit_{it} = \alpha_0 + \alpha_1 ERI_{it} + \beta MV_{it} + \alpha_2 X_{it} + \eta_i + \eta_t + \varepsilon_{it} \tag{7.4}$$

其中，$Zexit_{it}$代表“僵尸企业”的退出。MV_{it}代表中介变量，具体包括企业生产成本变量和技术创新变量。企业生产成本依据会计准则计算得到，并进行对数化处理，行业技术创新变量基于企业新产品产值加总得到各行业新产品产值，并进行对数化处理。本章中，环境规制各项指标数据来源于《中国环境年鉴》与《中国环境统计年鉴》，企业层面数据主要来自国家统计局的中国工业企业数据库。

二、实证分析与讨论

（一）基准分析

“僵尸企业”退出的分析采用生存分析模型，以规避样本期内“僵尸企业”未退出而导致的“右删失”问题。根据现有文献的研究，将“僵尸企业”的生存函数定义为企业在样本中存续时间超过 t 年的概率，如公式（7.5）所示。

$$S(t) = P(T > t) = \prod_{j=1}^{t} (1 - risk_j) \tag{7.5}$$

其中，T 用以衡量“僵尸企业”的存续期；$risk_j$ 为风险函数，用以衡量在 $t-1$ 期存续的企业，在 t 期退出市场的风险。对于企业的生存函数，采用 Kaplan-Meier 乘积的非参数估计方法计算，具体形式如公式（7.6）所示。

$$S(t) = \prod_{j=1}^{t} [(M_j - F_j)/M_j] \tag{7.6}$$

其中，M_j 为 j 期市场的“僵尸企业”总数，F_j 为 j 期退出市场的“僵尸企业”数量。按照环境规制水平的高低对样本进行分组，基于公式（7.6）分析不同环境规制水平对“僵尸企业”存续期的影响，生存曲线如图 7.1 所示。结果显示，在大多数持续时间段，低环境规制样本的生存曲线位于高环境规制样本之上，表明环境规制政策缩短了“僵尸企业”的市场持续时间，会提高“僵尸企业”退出市场的概率。

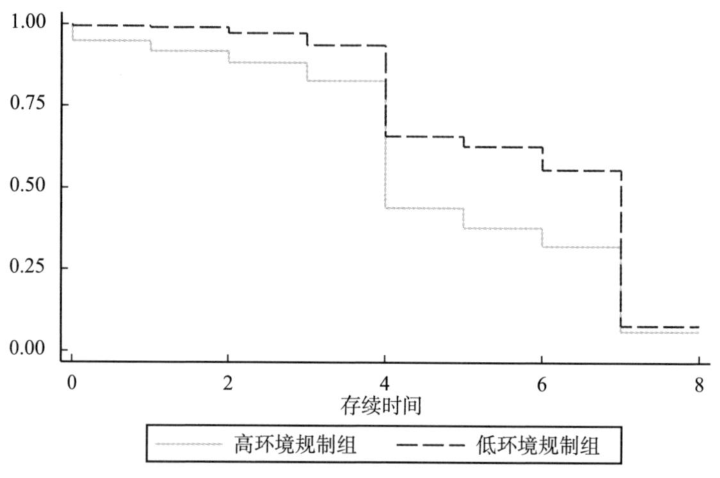

图 7.1 “僵尸企业”存续期的生存曲线

图 7.1 可以得到环境规制与“僵尸企业”存续期的初步关系，接下来我们通过离散时间 cloglog 生存分析方法进行计量检验，具体模型设定如下：

$$\text{cloglog}(1 - risk_{it}) = \alpha_0 + \alpha_1 ERI_{it} + \alpha_2 X_{it} + \eta_i + \eta_t + \varepsilon_{it} \tag{7.7}$$

其中，$risk_{it}$ 表示离散时间风险率；ERI_{it} 表示环境规制强度；X_{it} 为控制变量，η_i 和 η_t 分别表示个体固定效应和时间固定效应，ε_{it} 为随机扰动项。

表 7.1 报告了“僵尸企业”生存分析估计结果，以“僵尸企业”是否退出市场的虚拟变量作为被解释变量。第（1）列仅加入核心解释变量环境规制，第（2）列加入企业层面控制变量，在此基础上，第（3）列引入企业所有制变量。此外，观察 rho 值可知，因不可观察异质性引起的误差方差占总误差方差的比例均在 30% 以上，并且在 1% 显著性水平上拒绝“企业不存在不可观察异质性”的原假设，因此我们在计量分析中控制不可观测异质性是合理的。从表 7.1 的估计结果可知，在第（1）列 ~ 第（3）列中，环境规制的系数均为正，且在 1% 水平上显著，说明环境规制在一定程度上提高了“僵尸企业”退出市场的概率，验证了理论命题的结

论。环境规制政策冲击使得企业存活门槛提高，部分“僵尸企业”创新能力不足，难以应对环境规制引致的成本上升，因此，这类“僵尸企业”达不到环境规制调整后的存活门槛，环境规制加速了这类“僵尸企业”的退出，即环境规制对“僵尸企业”退出市场存在正向影响。由于政策实施效果需要一定的时间，因而第（4）列将环境规制强度进行一期滞后，以克服政策实施时滞所带来的偏差。结果表明，环境规制的滞后效应的确存在，但在系数显著性和数值方面，均未发生实质性变化。因此，在后续的实证分析中，环境规制指标采用当期值进行衡量。

表 7.1　“僵尸企业”生存分析估计结果

项目	(1)	(2)	(3)	(4)
	“僵尸企业”退出	“僵尸企业”退出	“僵尸企业”退出	“僵尸企业”退出
环境规制	0.0665 *** (0.0028)	0.0549 *** (0.0027)	0.0446 *** (0.0027)	0.0308 *** (0.0032)
企业规模		-0.3545 *** (0.0045)	-0.3347 *** (0.0046)	-0.1332 *** (0.0054)
融资约束		0.0317 *** (0.0095)	0.0249 *** (0.0093)	0.1452 *** (0.0310)
企业经营年限		-0.0005 ** (0.0002)	-0.0014 *** (0.0004)	-0.0033 *** (0.0005)
国有企业			-0.0604 *** (0.0130)	-0.1040 *** (0.0175)
外资企业			0.0756 *** (0.0111)	0.1020 *** (0.0123)
常数项	0.1929 *** (0.0077)	1.9014 *** (0.0241)	1.9767 *** (0.0242)	-0.0328 (0.0279)
个体效应	控制	控制	控制	控制
时间效应	控制	控制	控制	控制
对数似然值	-328473.93	-313892.99	-161766.25	-283072.15
rho 值	0.36057 *** (0.0037)	0.3244 *** (0.0038)	0.3134 *** (0.0037)	0.3428 *** (0.0037)
观测值	190716	190367	190367	86659

注：*、**、*** 分别表示在10%、5%、1%的水平上显著，( ) 中的数字表示标准误，回归结果由 STATA 给出；rho 表示企业不可观测异质性的误差方差占总误差方差的比例。

控制变量的回归结果与预期基本一致。企业规模与经营年限系数均显著为负，表明随着企业规模的扩大、经营年限的增加，企业退出市场的概率将下降，对于规模较大与经营年限较长的企业而言，拥有更丰富的资源和更稳定的经营，因此在一定程度上会降低企业退出市场的概率。融资约束提高将加速“僵尸企业”退出市场，融资约束会限制企业的投资行为，阻碍企业进行设备更新与产品研发，从而提高“僵尸企业”的死亡率。此外，表 7.1 第（3）列国有企业虚拟变量系数显著为负，外资企业系数显著为正，表明与私营企业相比，国有企业具有更好的存续能力，而外资企业则更易退出市场，这可能与国有企业的垄断程度和政府补贴力度有关，因此国有企业具有更强的市场存续能力；而外资企业多具有跨国公司背景，拥有市场转移的优势，因此外资企业退出市场的概率相对较高。

（二）分样本回归

环境规制在加速“僵尸企业”退出的同时，对于不同污染强度企业的影响是否具有显著差异？接下来，通过企业所在行业的污染强度将样本分为污染密集型企业样本和清洁型企业样本，分样本检验环境规制对“僵尸企业”退出的异质性影响，回归结果如表 7.2 所示。

表 7.2　企业污染强度对环境规制与“僵尸企业”退出关系的影响

项目	（1）污染密集型	（2）清洁型
	“僵尸企业”退出	“僵尸企业”退出
环境规制	0.0610*** (0.0046)	0.0062 (0.0046)
企业规模	-0.3547*** (0.0069)	-0.3177*** (0.0062)
融资约束	0.0349* (0.0179)	0.0213* (0.0110)
企业经营年限	-0.0006* (0.0003)	-0.0034*** (0.0006)
国有企业	-0.0197 (0.0187)	-0.0390** (0.0181)
外资企业	0.7384*** (0.0178)	0.4557*** (0.0141)
常数项	2.1597*** (0.0367)	1.8568*** (0.0334)

续表

项目	（1）污染密集型	（2）清洁型
	“僵尸企业”退出	“僵尸企业”退出
个体效应	控制	控制
时间效应	控制	控制
rho 值	0.2641*** （0.0051）	0.3597*** （0.0056）
观测值	101500	88867

注：*、**、*** 分别表示在 10%、5%、1% 的水平上显著，( ) 中的数字表示标准误，回归结果由 STATA 给出；rho 表示企业不可观测异质性的误差方差占总误差方差的比例。

表 7.2 的结果显示，对于污染密集型企业而言，在 1% 显著性水平下，环境规制对“僵尸企业”退出的影响显著为正，即环境规制会加速污染密集型企业退出市场。然而，对于清洁型企业而言，环境规制的影响系数并不显著，即环境规制对清洁型企业市场退出的影响并未通过显著性检验。由此可见，环境规制对污染密集型企业与清洁型企业市场退出概率的影响存在不对称性，环境规制对污染密集型企业利润空间的压缩更大，会加速污染密集型企业退出市场，驱动我国产能结构朝着绿色减排方向发展，在企业退出阶段促进产能的清洁转型。

此外，由于我国各地区经济基础、发展条件和政策环境的差异，有必要考察环境规制对不同地区“僵尸企业”市场退出的异质性影响，一方面可以检验环境规制对企业市场退出总体影响的稳健性，另一方面有利于针对我国不同地区的现状制定差异性环境政策。接下来，根据区位特征，从产能淘汰层面考察环境规制对东部地区与中西部地区“僵尸企业”市场退出的差异化影响，结果如表 7.3 所示。

表 7.3　区位特征对环境规制与“僵尸企业”退出之间关系的影响

项目	（1）东部地区	（2）中西部地区
	“僵尸企业”退出	“僵尸企业”退出
环境规制	0.0794*** （0.0067）	0.0331*** （0.0064）
企业规模	-0.1869*** （0.0033）	-0.1598*** （0.0057）

续表

项目	（1）东部地区	（2）中西部地区
	“僵尸企业”退出	“僵尸企业”退出
融资约束	0.0662*** (0.0169)	0.0216** (0.0103)
企业经营年限	-0.0017*** (0.0002)	-0.0006** (0.0003)
国有企业	-0.2326*** (0.0076)	-0.1000*** (0.0220)
外资企业	0.0794*** (0.0107)	0.0545*** (0.0155)
常数项	3.7997*** (0.3914)	1.5004*** (0.3854)
个体效应	控制	控制
时间效应	控制	控制
rho 值	0.1143*** (0.0048)	0.2086*** (0.0133)
观测值	155784	44420

注：*、**、*** 分别表示在10%、5%、1%的水平上显著，( ) 中的数字表示标准误，回归结果由 STATA 给出；rho 表示企业不可观测异质性的误差方差占总误差方差的比例。

表7.3的回归结果显示，环境规制政策会在一定程度上加速东部地区与中西部地区“僵尸企业”的市场退出，提高“僵尸企业”市场退出的概率。东部地区样本企业环境规制的系数绝对值显著高于中西部地区的样本企业，表明环境规制对东部地区企业市场退出的加速效应明显高于对中西部地区企业。相应的经济学解释为，东部地区具有更强的环境规制政策强度与执法强度，企业不得不全面考虑市场存续的污染排放成本，因此会提高企业存续的生产成本，从而加速东部地区“僵尸企业”市场退出的概率；而对于中西部地区而言，其环境规制执法强度相对于东部地区较弱，因此中西部地区企业可能对环境规制政策的反应并不像东部地区企业敏感，因此环境规制对于“僵尸企业”市场退出的促进效应相对较弱。

（三）稳健性检验

环境规制强度是选取行业层面指标进行构建的，因此我们接下来利用企业层面环境规制的替代指标进行稳健性检验，以解决宏微观匹配过程中造成的偏差。在分析中采用工业企业排污上缴费用总额与企业工业总产值的比值对环境规制强度进行测度，并将其滞后一期以解决内生性问题。由于中国工业企业数据仅在 2004 年统计了企业的排污费，研究样本选取 2004 ~2005 年中国工业企业数据。表 7.4 第（1）列的回归结果可以看出，环境规制的系数均显著为正，表明不管是利用行业层面的环境规制指标，还是选取企业层面的环境规制指标，我们的研究结论都保持稳健，环境规制对“僵尸企业”退出市场具有正向影响。

表 7.4　　基于环境规制微观指标与工具变量的稳健性检验

项目	(1)	(2)
	“僵尸企业”退出	“僵尸企业”退出
环境规制	0. 1131 ** (0. 0137)	0. 0079 *** (0. 0008)
企业规模	-0. 1800 *** (0. 0165)	-0. 0528 *** (0. 0009)
融资约束	0. 6374 *** (0. 1544)	0. 0000 *** (0. 0000)
企业经营年限	-0. 0034 ** (0. 0015)	-0. 0003 *** (0. 0001)
国有企业	-0. 1996 *** (0. 0574)	-0. 0268 *** (0. 0029)
外资企业	0. 1910 *** (0. 0363)	0. 0642 *** (0. 0024)
常数项	-0. 6469 *** (0. 0837)	1. 1522 *** (0. 0050)
个体效应	控制	控制
时间效应	控制	控制
R^2		0. 2677
LM 统计量		3. 9e +04 (0. 0000)
Wald F 统计量		9. 2e +04 [16. 38]
观测值	16318	190367

注：*、**、*** 分别表示在 10%、5%、1% 的水平上显著，( ) 中的数字表示标准误，回归结果由 STATA 给出。LM 统计量用于检测工具变量与内生变量的相关性，若拒绝原假设则表明工具变量的选取可信，其中（）内为 LM 统计量的 p 值；Wald F 统计量用于检验工具变量是否为弱识别，若拒绝原假设则表明工具变量的选取是可信的，其中［］内为 10% 水平的临界值。

此外，我们利用工具变量法进一步克服内生性所带来的有偏和不一致性，选取行业能源消费总量标准煤的滞后一期作为环境规制的工具变量。原因在于各行业能源标准煤与环境规制密切相关，能源标准煤越高，该行业的环境规制强度将越高，此外滞后一期的历史变量并不会受到当期环境规制水平的影响，因此采用能源标准煤滞后一期作为环境规制的工具变量是可行的。表 7.4 第（2）列的结果验证了我们研究结论的稳健性，环境规制对“僵尸企业”退出市场依然具有正向影响。此外，LM 统计量和 Wald F 统计量分别在 1% 显著性水平下拒绝工具变量与内生变量的相关性和工具变量为弱识别的原假设，验证了工具变量的有效性。

（四）影响机制

结合理论分析，对基准模型进行扩展，以生产成本与技术创新作为中介变量，进一步探究环境规制对于“僵尸企业”退出市场的影响机制。通过中介效应模型验证相关影响机制的适用性，从企业退出视角检验环境规制影响“僵尸企业”退出的“遵循成本效应”和“创新补偿效应”。具体的回归过程分为三步：第一，进行因变量对基本自变量的回归，该步骤在表 7.1 中已经完成；第二，进行中介变量对基本自变量的回归；第三，将因变量同时对自变量和中介变量进行回归分析。第二步与第三步的回归结果如表 7.5 所示。

表 7.5　环境规制对“僵尸企业”退出影响机制的中介效应模型

项目	生产成本	技术创新	“僵尸企业”退出	
	(1)	(2)	(3)	(4)
环境规制	0.0092*** (0.0006)	0.0733*** (0.0008)	0.0347*** (0.0027)	0.0260*** (0.0024)
生产成本			0.0178*** (0.0064)	
技术创新				0.0441*** (0.0005)
控制变量	是	是	是	是

续表

项目	生产成本	技术创新	“僵尸企业”退出	
	(1)	(2)	(3)	(4)
常数项	3.6863 *** (0.0055)	16.0651 *** (0.0076)	2.0417 *** (0.0337)	1.8337 *** (0.0210)
个体效应	控制	控制	控制	控制
时间效应	控制	控制	控制	控制
rho 值			0.3121 *** (0.0038)	0.1807 *** (0.0035)
R^2	0.4031	0.9930		
观测值	644524	644749	190267	190367

注：*、**、*** 分别表示在 10%、5%、1% 的水平上显著，( ) 中的数字表示标准误，回归结果由 STATA 给出；rho 表示企业不可观测异质性的误差方差占总误差方差的比例。

表 7.5 报告了环境规制对“僵尸企业”退出影响机制的检验结果。第（1）列和第（3）列是以生产成本为中介变量的回归结果，验证“遵循成本效应”是否成立。第（1）列以企业生产成本为被解释变量，可以看出环境规制的系数显著为正，即环境规制会提高企业的生产成本。第（3）列以“僵尸企业”退出作为被解释变量，同时引入环境规制与企业生产成本变量，结果显示，环境规制的回归系数为 0.0347，且高度显著，与表 7.1 基准模型系数估计值 0.0446 相比显著下降。再观察中介变量企业生产成本，可以发现其系数为正且在 1% 水平上显著。因此，上述结果验证了环境规制会通过提高企业生产成本影响“僵尸企业”退出市场，即“遵循成本效应”是环境规制促进“僵尸企业”出清的重要影响机制。

表 7.5 第（2）列和第（4）列是以技术创新为中介变量的回归结果，验证“创新补偿效应”是否成立。第（2）列以行业技术创新作为被解释变量，可以看出，环境规制对行业技术创新水平具有正向影响。第（4）列以“僵尸企业”退出作为被解释变量，同时引入环境规制与技术创新变量，结果显示，环境规制的回归系数为 0.0260，低于基准模型中的估计值，并且中介变量技术创新系数显著为正。上述结果表明，环境规制对企业技术创新具有正向影响，从而拉高整个行业的竞争程度与环境标准，最

终促使缺乏创新能力并连年亏损的“僵尸企业”退出市场，即“创新补偿效应”成立。

通过中介效应模型验证了“遵循成本效应”与“创新补偿效应”同时存在，我们进一步观察表7.5中第（3）列和第（4）列中环境规制变量的系数。可以发现，与表7.1基准模型回归系数相比，第（4）列中环境规制系数下降幅度更大，这也表明了“创新补偿效应”是环境规制对“僵尸企业”退出最主要的影响机制，环境规制提升行业技术创新水平，会加快“僵尸企业”退出市场。接下来，利用中介效应模型分别对污染密集型“僵尸企业”与清洁型“僵尸企业”的传导机制进行检验，回归结果如表7.6和表7.7所示。

表7.6　环境规制对污染密集型“僵尸企业”退出的影响机制分析

项目	生产成本	技术创新	“僵尸企业”退出	
	(1)	(2)	(3)	(4)
环境规制	0.0310*** (0.0009)	0.1825*** (0.0015)	0.0396*** (0.0047)	0.0348*** (0.0043)
生产成本			0.0204** (0.0085)	
技术创新				0.0366*** (0.0006)
控制变量	是	是	是	是
常数项	3.7434*** (0.0078)	16.6382*** (0.0127)	1.7774*** (0.0466)	1.8089*** (0.0301)
个体效应	控制	控制	控制	控制
时间效应	控制	控制	控制	控制
rho值			0.2656 (0.0052)	0.1618 (0.0048)
R^2	0.7174	0.9755		
观测值	343956	344066	101456	101500

注：*、**、***分别表示在10%、5%、1%的水平上显著，()中的数字表示标准误，回归结果由STATA给出；rho表示企业不可观测异质性的误差方差占总误差方差的比例。

表 7.7　　环境规制对清洁型“僵尸企业”退出的影响机制分析

项目	生产成本	技术创新	“僵尸企业”退出	
	(1)	(2)	(3)	(4)
环境规制	0.0013 (0.0010)	0.0453*** (0.0008)	0.0058 (0.0046)	0.0054 (0.0039)
生产成本			0.0652*** (0.0095)	
技术创新				0.0536*** (0.0007)
控制变量	是	是	是	是
常数项	3.6636*** (0.0081)	15.7917*** (0.0069)	2.3964*** (0.0507)	1.8999*** (0.0302)
个体效应	控制	控制	控制	控制
时间效应	控制	控制	控制	控制
rho 值			0.3546 (0.0057)	0.1833 (0.0052)
R^2	0.6991	0.9931		
观测值	300568	300683	88811	88867

注：*、**、*** 分别表示在 10%、5%、1% 的水平上显著，() 中的数字表示标准误，回归结果由 STATA 给出；rho 表示企业不可观测异质性的误差方差占总误差方差的比例。

表 7.6 和表 7.7 的回归结果表明，环境规制的两种影响机制因污染强度的不同而存在显著的差异。表 7.6 第（1）列和第（2）列中环境规制系数显著为正，说明环境规制会同时增加企业生产成本与行业技术创新。第（3）列和第（4）列中环境规制系数显著且低于污染密集型的基准回归系数，并且生产成本与技术创新系数都显著为正。上述结果表明，对于污染密集型企业“遵循成本效应”与“创新补偿效应”同时存在。继续观察表 7.7 的回归结果，可以发现，第（1）列中环境规制变量的系数并不显著，因此，对于清洁型企业而言，环境规制对“僵尸企业”退出的影响并不存在显著的“遵循成本效应”。第（2）列中环境规制的系数显著为正，第（4）列中环境规制的系数不再显著，且绝对值低于基准回归中环境规制的系数，结果表明，对于清洁型企业而言，环境规制对“僵尸企

业”退出的影响机制仅存在“创新补偿效应”。

第二节　环境规制对落后产能企业退出的影响研究

一、计量模型与指标测度

结合理论分析，我们已经从“僵尸企业”退出视角讨论了环境规制与“去产能”的关系，接下来我们引入落后产能企业，进一步讨论环境规制对落后产能企业退出的影响，将实证分析的基准模型设定为：

$$PBexit_{it} = \alpha_0 + \alpha_1 ERI_{it} + \alpha_2 X_{it} + \eta_i + \eta_t + \varepsilon_{it} \tag{7.8}$$

其中，i 表示企业，t 表示年份，η_i 和 η_t 分别表示个体与时间固定效应；ε_{it}为随机扰动项。ERI_{it}代表环境规制强度，是核心解释变量，我们通过综合指数法进行衡量。$PBex_{it}$代表落后产能企业的退出，其中分行业计算产能利用率处于后 1/4 分位的企业记为落后产能企业。具体界定方式参见那米尼等（Namini et al.，2013）的方法，当落后产能企业在 t 期存在但在 $t+1$ 期从样本中消失记为退出市场。需要说明的是，受到样本可获得性的限制，当落后产能企业退出工业企业样本时，可能由于经营状况的恶化或销售额低于 500 万元的水平，与之前经营状况相比，本节认为该企业经营已近十分困难，退出市场的风险已经很高，因此采用目前通用方式，以企业退出样本时期近似作为企业退出市场时期。X_{it}表示控制变量，主要包括劳动生产率、企业规模、技术创新、融资约束和企业经营年限等影响企业退出的因素。其中，劳动生产率采用工业总产值与就业人数比值进行衡量；企业规模采用雇用工人数量的对数值进行测度；技术创新水平采用虚拟变量进行衡量，企业存在创新产出计为 1，否则计为 0；融资约束采用财务费用与总资产的比值衡量；企业经营年限则通过企业当年年份与成立年份的差值计算得到。

二、实证估计结果及分析

（一）基准回归

从落后产能企业退出视角讨论环境规制的影响，表 7.8 第（1）列～第（3）列以落后产能企业退出作为被解释变量，报告了基准估计结果。鉴于落后产能企业退出作为被解释变量的方程特征，采用面板 cloglog 生存分析模型以避免因样本区间内部分落后产能企业未退出而导致的“右删失”问题。此外，第（1）列仅加入核心解释变量，第（2）列引入企业层面控制变量，第（3）列则进一步控制了个体和时间固定效应。

表 7.8　　基准估计结果

项目	（1）cloglog	（2）cloglog	（3）cloglog
	企业退出	企业退出	企业退出
环境规制	0.0397*** (0.0038)	0.0396*** (0.0038)	0.0235*** (0.0031)
劳动生产率		-0.0001*** (0.0000)	-0.0000*** (0.0000)
企业规模		-0.2442*** (0.0069)	-0.1139*** (0.0055)
技术创新		-0.8989*** (0.0224)	-0.5609*** (0.0185)
融资约束		0.0549 (0.0845)	0.2232 (0.1531)
企业年限		0.0116*** (0.0007)	0.0074*** (0.0005)
常数项	0.3381*** (0.0277)	0.2456*** (0.0279)	-1.2106*** (0.0480)
个体效应	未控制	未控制	控制
时间效应	未控制	未控制	控制
对数似然值	-60911.714	-59178.255	-50159.661
rho 值	0.5398*** (0.0075)	0.5007*** (0.0077)	0.4488*** (0.0074)
观测值	112437	112382	112382

注：*、**、*** 分别表示在 10%、5%、1% 的水平上显著，( ) 中的数字表示标准误，回归结果由 STATA 给出；rho 表示企业不可观测异质性的误差方差占总误差方差的比例。

回归结果显示，表 7.8 第（1）列～第（3）列中环境规制在 1% 水平上显著为正，表明环境规制能够加速落后产能企业退出市场，验证了理论命题的研究结论。此外，根据 rho 值可知，因不可观察异质性引起的误差方差占总误差方差的比例均在40%以上，并在1%显著性水平上拒绝“企业不存在不可观察异质性”的原假设，因此，在计量分析中控制不可观测异质性是合理的。此外，其他控制变量估计结果与预期基本一致。劳动生产率和企业规模系数显著为负，说明劳动生产率的提高、企业规模扩张在一定程度上会阻碍落后产能企业退出市场，与王文甫（2014）的研究结论一致，即大企业的投资规模一般高于中小企业，因此更易造成产能过剩现象的出现。企业年限的回归系数为正，表明随着企业成立年限增加，落后产能企业面临的不确定性和市场风险有所增加，从而加速了落后产能企业退出市场。

（二）稳健性检验

本节采用两阶段最小二乘法（2SLS）以克服内生性所带来的有偏和不一致性，选取行业能源消费总量标准煤的滞后一期作为环境规制的工具变量（傅京燕和李丽莎，2010；徐保昌和谢建国，2016）。原因在于各行业能源标准煤与环境规制密切相关，能源标准煤越高，该行业的环境规制强度将越高。此外，滞后一期的历史变量并不会受到当期环境规制水平的影响，因此采用能源标准煤滞后一期作为环境规制的工具变量是可行的。表7.9第（1）列汇报了两阶段最小二乘法的回归结果，可以看出，环境规制的系数在1%水平上显著为正，再次表明环境规制对落后产能企业退出市场的概率具有正向影响，可以实现落后产能淘汰。此外，LM 统计量和 Wald F 统计量分别在1%显著性水平下拒绝工具变量与内生变量的相关性和工具变量为弱识别的原假设，验证了工具变量的有效性。

表7.9　稳健性检验结果

项目	（1）2SLS	（2）cloglog	（3）cloglog
	落后产能企业退出	落后产能企业退出	落后产能企业退出
环境规制	0.0058*** (0.0011)	11.6605*** (2.5456)	0.0238*** (0.0032)
清洁化生产			0.0141*** (0.0016)
常数项	0.5662*** (0.0098)	1.5473*** (0.0323)	-1.2098*** (0.0480)

续表

项目	（1）2SLS	（2）cloglog	（3）cloglog
	落后产能企业退出	落后产能企业退出	落后产能企业退出
个体效应	控制	控制	控制
时间效应	控制	未控制	控制
控制变量	是	是	是
R^2	0.2573		
LM 统计量	2.1e+04 (0.0000)		
Wald F 统计量	5.3e+04 [16.38]		
对数似然值		-14785.316	-50159.603
rho 值			0.1488 (0.0074)
观测值	112382	40287	112382

注：*、**、*** 分别表示在 10%、5%、1% 的水平上显著，( ) 中的数字表示标准误，回归结果由 STATA 给出。LM 统计量用于检测工具变量与内生变量的相关性，若拒绝原假设则表明工具变量的选取是可信的，其中（）内为 LM 统计量的 p 值；Wald F 统计量用于检验工具变量是否为弱识别，若拒绝原假设则表明工具变量的选取是可信的，其中［］内为 10% 水平的临界值。rho 表示企业不可观测异质性的误差方差占总误差方差的比例。

由于环境规制强度是基于行业层面指标进行构建的，所以我们利用企业层面环境规制的替代指标进行稳健性检验，以解决宏微观匹配过程中造成的偏差。在分析中采用 2004 年企业层面排污费征收指标对环境规制强度进行测度。回归结果如表 7.9 第（2）列所示，可以看出，与基准回归一致，环境规制的系数均显著为正，表明不管是利用行业层面的环境规制指标，还是选取企业层面的环境规制指标，我们的研究结论都保持稳健，环境规制会提高落后产能企业退出市场的概率。

为进一步推动清洁生产，2003 年环境保护部针对部分行业制定了清洁生产标准，将企业的清洁生产技术分为国际清洁生产先进水平、国内清洁生产先进水平和国内清洁生产基本水平。基于这一环境政策变动可能产生的影响，我们在回归中引入清洁化生产的虚拟变量，以清洁生产标准目录为基础，与企业层面数据进行匹配，清洁生产标准目录行业的企业，其虚拟变量取1；否则取0。回归结果如表7.9第（3）列所示，可以发现，清洁化生产标准的虚拟变量系数依然显著为正，表明环境规制的提高会加速落后产能企业的退出，核心结论保持稳健。

三、进一步研究：分组回归与反事实模拟

（一）分组回归

基准回归从落后产能企业退出视角分析了环境规制对产能淘汰的影响，但面临环境政策冲击时，不同类型企业受到的影响可能存在异质性。一方面，从污染强度来看，由于污染密集型企业应对环境规制强度提升所需成本更高，不同污染强度企业进行生产策略调整的意愿和动力会存在显著差异；另一方面，从企业是否参与国际市场角度来看，出口参与型企业和内销型企业在技术创新成本与产品绿色标准也会存在不同，因此，应对环境规制政策冲击时也会存在异质性影响。基于此，我们依据企业污染强度和是否参与国际市场，分组回归检验环境规制对落后产能企业退出的异质性影响，结果如表7.10和表7.11所示。

表7.10　环境规制与落后产能企业退出：基于污染强度的再检验

项目	（1）污染密集型企业	（2）清洁型企业
	企业退出	企业退出
环境规制	0.0554*** (0.0066)	0.0090* (0.0047)
常数项	-1.1771*** (0.0678)	-1.3126*** (0.0729)
个体效应	控制	控制
时间效应	控制	控制
控制变量	是	是
对数似然值	-24230.74	-25880.88
rho值	0.06395*** (0.0608)	0.14815*** (0.0107)
观测值	56491	55891

注：*、**、***分别表示在10%、5%、1%的水平上显著，（）中的数字表示标准误，回归结果由STATA给出；rho表示企业不可观测异质性的误差方差占总误差方差的比例。

表 7.11　环境规制与落后产能企业市场退出：基于外部市场需求的再检验

项目	（1）出口参与型企业	（2）内销型企业
	企业退出	企业退出
环境规制	0.0080 （0.0050）	0.0326 *** （0.0039）
常数项	-0.9488 *** （0.0816）	-1.7263 *** （0.1139）
个体效应	控制	控制
时间效应	控制	控制
控制变量	是	是
对数似然值	-25411.668	-22945.069
rho 值	0.1927 （0.0152）	0.0993 （0.0125）
观测值	49975	62407

注：*、**、*** 分别表示在 10%、5%、1% 的水平上显著，( ) 中的数字表示标准误，回归结果由 STATA 给出；rho 表示企业不可观测异质性的误差方差占总误差方差的比例。

首先，以各行业污染排放强度的中位数作为依据，将样本企业分为污染密集型企业与清洁型企业，回归结果如表 7.10 所示。结果显示，环境规制在各个模型中均为正且至少在 10% 水平上显著。此外，我们还发现，环境规制对污染密集型企业与清洁型企业市场退出的影响存在显著的异质性。具体比较表 7.10 第（1）列和第（2）列核心解释变量的系数可以发现，环境规制对污染密集型和清洁型落后产能企业退出的影响系数分别为 0.0554 和 0.0090，表明环境规制对污染密集型落后产能企业退出的促进作用更强。对此可能的经济学解释为，由于污染密集型企业受到环境规制的冲击更大，应对环境规制强度提升所需成本也更高，利润的减少使得污染密集型企业缩减投资规模乃至退出市场，因此，环境规制对污染密集型落后产能企业退出的影响更加明显。

接下来，进一步考察出口参与型企业和内销型企业应对环境规制政策冲击时的异质性影响。以中国工业企业数据库中的出口交货值为依据，将当年出口交货值大于 0 的企业记为出口参与型企业，否则记为内销型企业，分样本回归结果如表 7.11 所示。观察第（1）列的结果可以发现，对于出口参与型企业而言，环境规制的影响系数并不显著，即环境规制对出口参与型企业退出的影响并未通过显著性检验。继续观察第（2）列的回归结果，对于内销型企业而言，在1%显著性水平下，环境规制对落后产能企业退出的影响显著为正，即环境规制会加速内销型落后产能企业的退出。实证结论与预期一致，即对于出口参与型企业而言，面临环境政策冲击时由于其具有更强的技术优势与市场优势，因此更易通过技术模仿或市场转移等方式规避企业市场退出的风险。由此可见，环境规制对出口参与型企业与内销型企业退出市场的影响存在不对称性。

（二）反事实模拟

上文通过实证回归细致地考察了环境规制对落后产能企业退出的统计显著性，那么环境规制在多大程度上影响了落后产能企业市场退出呢？环境规制对于污染密集型企业与清洁型企业、出口参与型企业与内销型企业的净影响又如何呢？我们试图利用反事实模拟的方法为这些问题寻求答案。在表7.12中，情景1表示环境规制不变，将环境规制设定为初始值，情景2表示环境规制变化，将环境规制设定为样本平均值，情景1与情景2模拟值的差异记为环境规制政策对落后产能企业退出的净影响。

表7.12　　环境规制与落后产能企业退出的反事实模拟结果

项目	(1)	(2)	(3)	(4)	(5)
	总体样本	污染密集型	清洁型	出口参与型	内销型
情景1	0.4094	0.5161	0.3055	0.2038	0.1891
情景2	0.4187	0.5361	0.3104	0.2055	0.2034
情景2-情景1	0.0093	0.0200	0.0049	0.0017	0.0143

通过表7.12第（1）列总体样本的反事实模拟结果可知，情景1的模拟值为0.4094，情景2的模拟值为0.4187，两者的差值为0.0093，这个结果表明环境规制可以提高落后产能企业退出市场的概率。第（2）列～第（5）列分别报告不同污染强度和出口状态的反事实模拟结果。从污染强度来看，环境规制使得污染密集型落后产能企业退出概率提升0.0200，而使得清洁型落后产能企业市场退出概率提升0.0049。从出口状态来看，环境规制使得落后产能出口企业市场退出概率增加了0.0017，而使得内销型落后产能企业市场退出概率增加了0.0143。综上所述，反事实模拟的结

果验证了环境规制影响落后产能企业退出的同时存在统计显著性和经济显著性，并且对于污染密集型与内销型落后产能企业退出的影响程度更大。

第三节　本章小结

一定数量落后产能的存在既不符合我国经济的战略定位，也是导致产能治理措施难以发挥作用的障碍之一。因此，本章从企业退出视角探究环境规制促使“僵尸企业”与落后产能企业淘汰的有效性。基于中国工业企业数据库，通过改进的 FN 方法对“僵尸企业”进行识别，基于测度的产能利用率界定落后产能企业，采用生存分析模型实证检验环境规制对“僵尸企业”与落后产能企业市场退出的影响。

第一节的基准分析发现，环境规制强度的提高增加了“僵尸企业”市场退出概率，并且对于污染密集型“僵尸企业”退出存在更强的促进作用。稳健性检验分别采用企业层面排污费征收指标作为环境规制替代指标与选取行业能源消费总量标准煤的滞后一期作为环境规制的工具变量，结果与基准回归一致，验证了基准分析结论的稳健性，即环境规制通过加速“僵尸企业”退出，促进了落后产能的淘汰。影响机制分析揭示了环境规制对产能治理同时存在“遵循成本效应”与“创新补偿效应”，这个结论对于污染密集型“僵尸企业”依然成立，但是对于清洁型企业而言，环境规制对“僵尸企业”退出的影响机制仅存在“创新补偿效应”。

第二节的基准分析表明，环境规制能够提高落后产能企业退出市场的概率，实现落后产能淘汰。基于环境规制替代指标、克服内生性与采用环境政策冲击等稳健性分析均表明，环境规制变量系数符号与显著性与基准结论一致，表明环境规制能够提高落后产能企业退出市场的概率。分组回归与反事实模拟表明，在引入污染强度与外部市场需求等因素后，环境规制促进落后产能企业退出的结论仍成立，并且环境规制对于污染密集型与内销型落后产能企业的影响程度更大。

第八章　环境政策异质性与治理路径贡献度

第一节　环境政策的异质性影响

一、不同环境政策工具的特征及指标构建

现行体制下，中国的环境政策工具体现为命令控制型、市场激励型与公众参与型并存，且以命令控制型环境政策为主，市场激励型、公众参与型环境政策为辅的局面（李青原和肖泽华，2020）。命令控制型环境政策工具是指依据相关法律、法规、规章和标准等，国家行政当局对生产行为进行直接管理和强制监督，例如，建立限制捕鱼区或者关停达不到环境标准的企业。市场激励型环境政策工具是通过影响成本－收益引导经济当事人进行选择，从而决定企业的排污水平和生产技术投入，以达到外部效应内部化的效果，例如，排污收费或者环境补贴等。公众参与型环境政策工具是通过社会公共舆论、道德、劝说等措施，间接影响全社会的环境治理绩效与治理行为。

命令控制型环境政策工具具有强制性，可以产生更直接和及时的效果，有利于从污染源进行控制，也可以更快地处理一些环境紧急事件，但同时命令控制型环境政策工具缺乏灵活性，很难兼顾对于企业的经济激励。相比而言，市场激励型环境政策工具，对于企业具有引导、刺激的作用，企业可以根据成本－收益比较，选择符合利润最大化目标的最优决策。市场激励型环境政策工具对于环境负外部性的行为进行收费或者征税，对于环境正外部性的行为进行奖励或者补贴，以此达到外部效应内部化的效果。基于此，企业在作出决策时，也会将环境成本纳入其中，从而

采取更绿色、更先进的技术，有利于环境质量的改善。公众参与型环境政策工具有一定的间接性，导致其产生效果可能需要较长的时间周期，并且公众参与型环境政策工具发挥作用需要依赖于相关法律法规和技术标准的后续调整，而相关机制在中国现阶段可能并不完善。

不同的环境政策具有各自的特点，本节将进一步考察不同环境政策工具影响中国工业企业产能过剩治理的差异性。采用各地区颁布的地方性环保法规数量与环保系统的工作人员在公务员系统中所占的比重作为命令控制型环境政策工具指标，以衡量命令控制型政策工具的文件数量与执法投入；采用各地区排污费收入与污染排放的比值以衡量政府部门市场惩治措施，采用各地区环境污染治理投资总额占地区生产总值的比重以衡量政府部门市场激励措施；采用人大和政协的合计提案数与地区人口的比重以衡量各地区公众的事前立法参与情况，采用信访件数与地区人口的比值衡量公众的事后反馈参与情况。具体如表 8.1 所示。

表 8.1　　环境规制政策工具指标

环境政策工具类型	选取思路	拟采用衡量指标
命令控制型	强制性法规	地方性环保法规数量
	执法人员投入	环保系统的工作人员比重
市场激励型	市场惩治措施	排污费收入与污染排放的比值
	市场激励措施	环境污染治理投资总额占比
公众参与型	公众事前立法参与情况	人大和政协的合计提案数比值
	公众事后反馈参与情况	信访件数与地区人口的比值

二、异质性环境规制政策对企业市场进入的影响

本部分将采用二元选择 Probit 模型和双重固定效应模型，分别验证异质性环境规制政策工具对企业市场进入和企业进入初始规模的影响。表 8.2 以企业是否进入的二元虚拟变量作为被解释变量，第（1）列和第（2）列以命令控制型环境政策作为解释变量，第（3）列和第（4）列以市场激励型环境政策作为解释变量，第（5）列和第（6）列以公众参与型环境政策作为解释变量。表 8.3 以企业进入的初始规模作为被解释变量，第（1）列和第（2）列以命令控制型环境政策作为解释变量，第（3）列

和第（4）列以市场激励型环境政策作为解释变量，第（5）列和第（6）列以公众参与型环境政策作为解释变量。回归结果如表 8.2 和表 8.3 所示。

表 8.2　　　　异质性环境规制政策对企业市场进入概率的影响

项目	命令控制型		市场激励型		公众参与型	
	（1）地方法规	（2）环保人员	（3）排污收费	（4）治理投资	（5）上访信件	（6）提案数
政策工具	-0.0273*** (0.0010)	-0.1733*** (0.0099)	-0.3808*** (0.0074)	-0.0954*** (0.0061)	-0.0272*** (0.0007)	-2.3599*** (0.0522)
常数项	-1.2849*** (0.0253)	-0.4948*** (0.0209)	1.0576*** (0.0487)	-0.8961*** (0.0283)	-0.9883*** (0.0246)	-0.7741*** (0.0255)
个体效应	控制	控制	控制	控制	控制	控制
时间效应	控制	控制	控制	控制	控制	控制
控制变量	是	是	是	是	是	是
观测值	676721	676721	676721	676721	676721	676721
Pseudo R^2	0.0617	0.0441	0.0700	0.0597	0.0668	0.0679

注：*、**、*** 分别表示在 10%、5%、1% 的水平上显著，( ) 中的数字表示标准误，回归结果由 STATA 给出。

表 8.3　　　　异质性环境规制政策对企业进入初始规模的影响

项目	命令控制型		市场激励型		公众参与型	
	（1）地方法规	（2）环保人员	（3）排污收费	（4）治理投资	（5）上访信件	（6）提案数
政策工具	-0.0206*** (0.0031)	-1.1090*** (0.0909)	0.4632 (0.5583)	0.3423 (0.3580)	0.0290 (0.0206)	-2.4577 (2.9803)
常数项	5.2846*** (0.8630)	5.7852*** (1.6614)	2.6513 (3.1541)	4.1818*** (0.9399)	5.2528*** (0.8373)	5.5527*** (0.9601)
个体效应	控制	控制	控制	控制	控制	控制
时间效应	控制	控制	控制	控制	控制	控制

续表

项目	命令控制型		市场激励型		公众参与型	
	（1）地方法规	（2）环保人员	（3）排污收费	（4）治理投资	（5）上访信件	（6）提案数
控制变量	是	是	是	是	是	是
观测值	27598	27598	27598	27598	27598	27598
R^2	0.5672	0.3470	0.5689	0.5906	0.5762	0.5689

注：*、**、***分别表示在10%、5%、1%的水平上显著，（）中的数字表示标准误，回归结果由STATA给出。

表8.2和表8.3第（1）列和第（2）列的回归结果显示，表征地区环境规制政策的变量系数均显著为负，表明样本区间内命令控制型环境政策明显抑制了企业的过度进入与降低了企业进入的初始规模。命令控制型环境政策工具，能够扩大和细化地方环保立法的范围，提高地方环境的执法力度，设定强制性的排放禁令和技术标准，通过降低企业进入概率与企业初始规模，在一定程度上抑制新生产能积累，化解产能过剩。该结论从企业进入与企业初始规模双重视角验证了当前中国命令控制型环境政策在抑制新生产能积累路径的有效性。

表8.2第（3）列和第（4）列显示，环境规制政策变量的系数为负且在1%水平显著，然而，表8.3第（3）列和第（4）列则显示，环境规制政策变量并未通过显著性检验。通过结果可知，随着地区单位污染物排放收费提高与环境治理投资比重的增加，企业市场进入的概率有所下降，然而企业的初始规模并未明显缩小。市场激励型环境规制政策对于企业污染减排具有一定的限制作用，提高了企业市场进入的机会成本，降低了企业市场进入的预期利润，进而抑制了企业的市场进入。然而，企业一旦确定进入，市场激励型环境政策在缩减企业初始规模方面效果并不显著。该结论从企业进入视角验证了中国市场激励型环境政策抑制新生产能积累路径的有效性。

表8.2第（5）列和第（6）列显示，环境规制政策变量系数均显著为负，然而，表8.3第（5）列和第（6）列则显示，环境规制政策变量并未通过显著性检验。通过结果可知，随着地区上访信件变量、人大和政协提案的增加，企业市场进入的概率有所下降，然而企业的初始规模并未明显缩小。当前的公众参与型环境政策在一定程度上能够起到降低企业市

场进入的作用，然而并没有起到缩减企业初始规模的效果。该结论从企业进入视角验证了中国公众参与型环境政策工具在抑制新生产能积累路径的有效性。

三、异质性环境规制政策对企业市场存续的影响

本部分将采用受限因变量 Tobit 模型，验证异质性环境规制政策对企业产能利用率的差异化影响。表 8.4 以企业产能利用率变量作为被解释变量，第（1）列和第（2）列以命令控制型环境政策作为解释变量，第（3）列和第（4）列以市场激励型环境政策作为解释变量，第（5）列和第（6）列以公众参与型环境政策作为解释变量。回归结果如表 8.4 所示。

表 8.4　　　异质性环境规制政策对存续企业产能效率的影响

项目	命令控制型		市场激励型		公众参与型	
	（1）地方法规	（2）环保人员	（3）排污收费	（4）治理投资	（5）上访信件	（6）提案数
政策工具	0.0009*** (0.0001)	0.0444*** (0.0011)	0.0027*** (0.0000)	0.1585*** (0.0055)	0.0321 (0.0108)	0.0000 (0.0004)
常数项	0.5559*** (0.0021)	0.4787*** (0.0023)	0.5718*** (0.0020)	0.5826*** (0.0022)	0.7436*** (0.0051)	0.5600*** (0.0023)
个体效应	控制	控制	控制	控制	控制	控制
时间效应	控制	控制	控制	控制	控制	控制
控制变量	是	是	是	是	是	是
观测值	676721	676721	676721	676721	676721	676721

注：*、**、*** 分别表示在 10%、5%、1% 的水平上显著，（）中的数字表示标准误，回归结果由 STATA 给出。

表 8.4 第（1）列和第（2）列的回归结果显示，表征地区环境规制政策的变量系数均显著为正，表明命令控制型环境政策能够在一定程度上提升存续企业的产能效率。命令控制型环境政策工具，能够扩大和细化地方环保立法的范围，提高地方环境的执法力度，通过设定强制性的排放禁令和技术标准，提高存续企业的产能利用率，在一定程度上提升在位产能效率，化解产能过剩。该结论也验证了当前中国命令控制型环境政策工具

在提升在位产能效率路径的有效性。

表 8.4 第（3）列和第（4）列的回归结果显示，表征地区环境规制政策变量的系数为正且在 1% 水平显著，即随着地区单位污染物排放收费提高与环境治理投资比重增加，存续企业产能效率提升，表明市场激励型环境政策能够提升在位产能的利用效率。市场激励型环境政策对于企业污染排放具有一定的限制作用，可以促进企业产能过剩的治理，该结论验证了中国市场激励型环境政策工具在提升在位产能效率路径的有效性。

表 8.4 第（5）列和第（6）列中，表征地区环境规制政策的上访信件变量、人大和政协提案变量系数并不显著，表明样本区间内公众参与型环境政策工具并没有起到改善企业产能效率的效果，现阶段中国单纯的公众参与型环境政策在提升在位产能效率路径方面并未奏效。

四、异质性环境规制政策对企业市场退出的影响

本部分采用 cloglog 生存分析模型，分别验证异质性环境规制政策工具对"僵尸企业"市场退出和落后产能企业市场退出的影响。表 8.5 以"僵尸企业"退出作为被解释变量，第（1）列和第（2）列以命令控制型环境政策作为解释变量，第（3）列和第（4）列以市场激励型环境政策作为解释变量，第（5）列和第（6）列以公众参与型环境政策作为解释变量。表 8.6 以落后产能企业退出作为被解释变量，第（1）列和第（2）列以命令控制型环境政策作为解释变量，第（3）列和第（4）列以市场激励型环境政策作为解释变量，第（5）列和第（6）列以公众参与型环境政策作为解释变量。回归结果如表 8.5 和表 8.6 所示。

表 8.5　　异质性环境规制政策对"僵尸企业"退出的影响

项目	命令控制型		市场激励型		公众参与型	
	（1）地方法规	（2）环保人员	（3）排污收费	（4）治理投资	（5）上访信件	（6）提案数
政策工具	0.0037*** (0.0013)	0.0651*** (0.0157)	0.2634*** (0.0109)	0.3153*** (0.0060)	0.0451*** (0.0008)	1.1650*** (0.0956)
常数项	1.9423*** (0.0237)	2.0410*** (0.0317)	0.3925*** (0.0681)	2.3480*** (0.0253)	2.4508*** (0.0265)	2.1038*** (0.0266)
个体效应	控制	控制	控制	控制	控制	控制

续表

项目	命令控制型		市场激励型		公众参与型	
	(1) 地方法规	(2) 环保人员	(3) 排污收费	(4) 治理投资	(5) 上访信件	(6) 提案数
时间效应	控制	控制	控制	控制	控制	控制
控制变量	是	是	是	是	是	是
对数似然值	-125742.94	-125738.49	-125442.15	-124110.83	-123872.47	-125673.08
rho 值	0.3114 *** (0.0036)	0.3120 *** (0.0036)	0.3312 *** (0.0038)	0.3201 *** (0.0037)	0.3378 *** (0.0038)	0.3093 *** (0.0036)
观测值	200204	200204	200204	200204	200204	200204

注：*、**、*** 分别表示在 10%、5%、1% 的水平上显著，() 中的数字表示标准误，回归结果由 STATA 给出；rho 表示企业不可观测异质性的误差方差占总误差方差的比例。

表 8.6　　　　异质性环境规制政策对落后产能企业退出的影响

项目	命令控制型		市场激励型		公众参与型	
	(1) 地方法规	(2) 环保人员	(3) 排污收费	(4) 治理投资	(5) 上访信件	(6) 提案数
政策工具	0.0098 *** (0.0014)	0.1829 *** (0.0136)	0.2712 *** (0.0094)	0.3539 *** (0.0061)	0.0551 *** (0.0008)	1.0416 *** (0.0708)
常数项	0.7449 *** (0.0185)	1.0219 *** (0.0261)	-0.8691 *** (0.0591)	1.2109 *** (0.0199)	1.2931 *** (0.0205)	0.9201 *** (0.0207)
个体效应	控制	控制	控制	控制	控制	控制
时间效应	控制	控制	控制	控制	控制	控制
控制变量	是	是	是	是	是	是
对数似然值	-114545.32	-114478.46	-114124.77	-112445.03	-111107.85	-114462.73
rho 值	0.0861 *** (0.0040)	0.0891 *** (0.0040)	0.1040 *** (0.0042)	0.0827 *** (0.0041)	0.1117 *** (0.0043)	0.0812 *** (0.0039)
观测值	169709	169709	169709	169709	169709	169709

注：*、**、*** 分别表示在 10%、5%、1% 的水平上显著，() 中的数字表示标准误，回归结果由 STATA 给出；rho 表示企业不可观测异质性的误差方差占总误差方差的比例。

表8.5和表8.6第（1）列和第（2）列的回归结果显示，表征地区环境规制政策的变量系数均显著为正，表明样本区间内命令控制型环境政策提高了“僵尸企业”和落后产能企业的市场退出概率。命令控制型环境政策工具，能够扩大和细化地方环保立法的范围，提高地方环境的执法力度，设定强制性的排放禁令和技术标准，通过加速“僵尸企业”和落后产能企业的市场退出，在一定程度上加速落后产能淘汰，化解产能过剩。该结论从企业退出视角验证了当前中国命令控制型环境政策工具在加速落后产能淘汰路径的有效性。

表8.5和表8.6第（3）列和第（4）列显示，环境规制政策变量的系数为正且在1%水平显著。通过结果可知，随着地区单位污染物排放的收费提高与环境治理投资比重的增加，“僵尸企业”和落后产能企业市场退出的概率均明显上升。市场激励型环境规制措施对于企业污染减排具有一定的限制作用，提高了企业存续的生产成本，提高了“僵尸企业”和落后产能企业市场退出的概率，进而加速了“僵尸企业”和落后产能企业的市场退出。该结论从企业退出视角验证了中国市场激励型环境政策工具在加速落后产能淘汰路径的有效性。

表8.5和表8.6第（5）列和第（6）列显示，环境规制政策变量系数均显著为正。通过结果可知，随着地区上访信件变量、人大和政协提案的增加，“僵尸企业”和落后产能企业市场退出的概率有所下降。当前的公众参与型环境政策工具在一定程度上能够起到加速“僵尸企业”和落后产能企业市场退出的作用。该结论从企业退出视角验证了中国公众参与型环境政策工具在加速落后产能淘汰路径的有效性。

第二节　产能过剩不同治理路径的贡献度分解

一、环境规制作用下产能过剩治理不同路径的探讨

之前章节的研究，基于企业演化视角分析了环境规制作用下产能积累、产能升级、产能淘汰等产能过剩治理路径并进一步探讨了不同环境规制政策的异质性影响。为了进一步比较我国不同产能过剩治理模式，接下来将对不同路径如何影响我国工业企业产能过剩治理进行度量，以考察样本区间内环境规制作用下不同产能治理路径的贡献度。

根据企业产能利用率测算结果，按照年份对新进入企业、持续存活企业与退出企业之间产能利用率的差异进行初步比较，结果如图 8.1 所示。可以发现，样本期间内，持续存活企业的产能利用率呈下降趋势，并且整体而言高于退出企业与新进入企业的产能利用率。环境规制可能通过抑制企业进入、提升在位企业产能利用率、加速企业退出等不同路径，改善各个行业的产能利用率，该结论与之前分析一致。

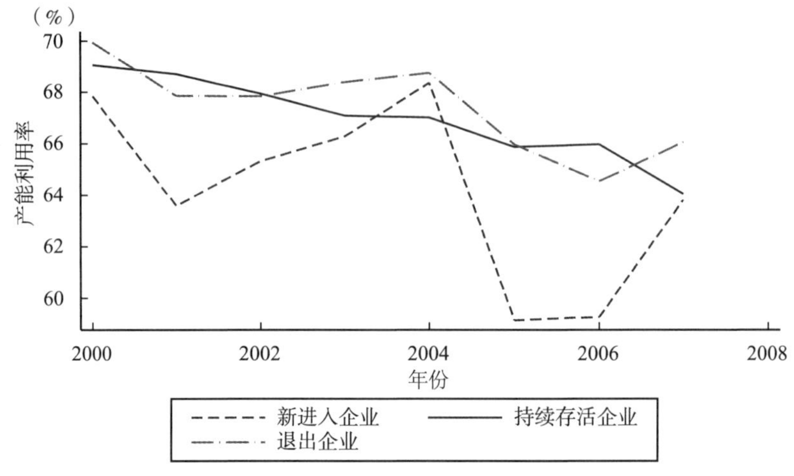

图 8.1　企业动态与产能利用率

本节将从企业演化视角，将环境规制作用下产能变化分解为进入效应、存续效应和退出效应，分别对应企业市场进入的贡献（抑制新生产能积累）、企业产能效率提升的贡献（提升在位产能效率）、企业市场退出的贡献（加速落后产能淘汰）。基于此，考察环境规制动态调整过程中产能变化的主要来源，测度环境规制作用下产能过剩治理不同路径的贡献度，基本思路如图 8.2 所示。

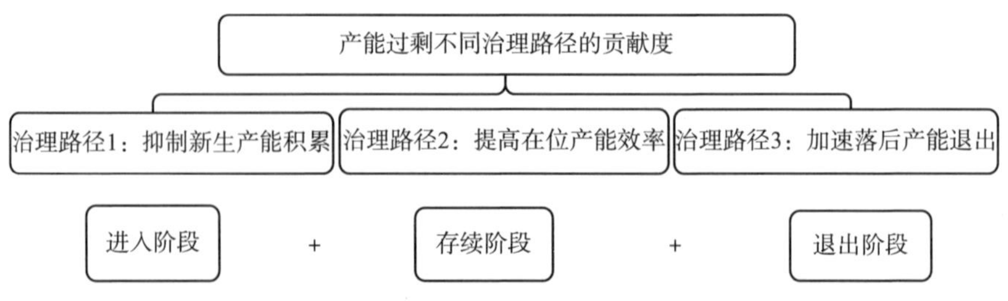

图 8.2　产能过剩不同治理路径的贡献度分解思路

二、贡献度分解

本节分别采用微观计量回归分析工具和 Blinder-Oaxaca 分解，探究环境规制作用下企业进入、存续企业产能利用率提升、企业退出等不同路径对我国产能过剩治理的不同贡献程度。

首先建立基准计量模型如公式（8.1）所示。

$$Tcapacity_{jt} = \alpha + \beta_1 ERI_{jt} + \beta_2 ERI_{jt} \times entry_{it} + \beta_3 ERI_{jt} \times capacity_{it} + \beta_4 ERI_{jt} \times exit_{it} + \gamma X_{jt} + \varepsilon_{it} \tag{8.1}$$

其中，$Tcapacity_{jt}$代表行业 j 的加总产能利用率，以各行业内企业的产能利用率为基础，以各行业内企业的市场份额占比为权重，通过加权平均计算得到；ERI_{jt}代表各行业的环境规制强度；$entry_{it}$代表新进入企业；$capacity_{it}$代表企业 i 的产能利用率；$exit_{it}$代表退出企业；X_{jt}为控制变量；ε_{it}为随机误差项。为了剔除量纲对贡献度衡量造成的误差，分析过程中对相关变量进行标准化处理。以公式（8.1）为基础，计算得到我国产能过剩治理不同路径的贡献度分解结果如表 8.7 所示。为了进一步直观呈现分解结果，以表 8.7 为基础，相应饼状图绘制如图 8.3 所示。

表 8.7　环境规制作用下不同路径贡献度分解——基于微观计量

项目	进入效应	在位效应	退出效应	其他
对应产能治理路径	产能积累	产能升级	产能淘汰	其他因素
贡献度系数	0.0271	0.0322	0.0264	0.0101
各路径占比（%）	28.29	33.61	27.56	10.54

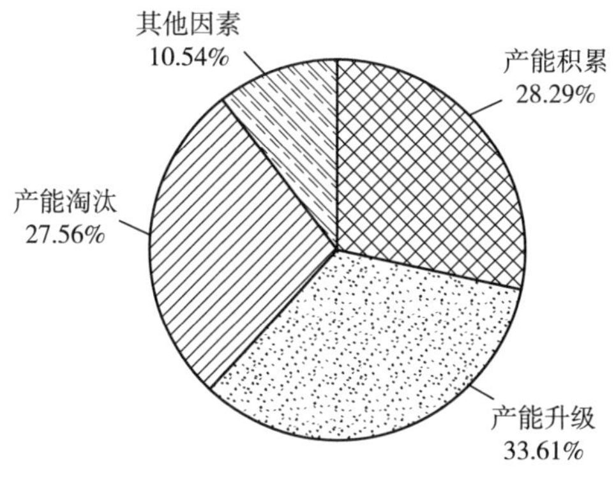

图 8.3　产能治理路径贡献度分解

结果表明，样本区间内，环境规制作用下各行业加总产能利用率的变化，由产能积累、产能升级、产能淘汰三条路径可以解释其中 89.46%。其中，产能升级的贡献度最大，占比为 33.61%；产能积累与产能淘汰两条路径的贡献度接近，分别为 28.29% 和 27.56%。然而，尽管采用微观计量分析能够控制更多其他干扰因素的影响，但分析过程中可能因忽略环境规制与行业产能特征之间的双向因果关系与内生差异，而高估上述三条产能治理路径的总贡献度。因此，接下来，将进一步采用 Blinder-Oaxaca 分解，考察环境规制作用下产能积累、产能升级与产能淘汰等不同路径的贡献度与解释力。假设低环境规制组行业加总产能利用率记为 $capacity^L$，高环境规制组行业加总产能利用率记为 $capacity^H$。行业加总产能利用率受到企业进入、企业存续与企业退出等不同路径的影响，即：

$$capacity^H = X_H\beta_H \tag{8.2}$$

$$capacity^L = X_L\beta_L \tag{8.3}$$

其中，X_H 和 X_L 分别表示环境规制作用下不同产能治理的路径。在分析过程中，直接将 $capacity^H - capacity^L$ 作为环境规制差异所引致的产能利用率变化，可能会因为忽略环境规制与内生性之间的差异而造成估计偏差。为此，要构建反事实组 $capacity^M$，对于 $capacity^M$ 的基本设定如下：

$$capacity^M = X_L\beta_H \tag{8.4}$$

公式（8.4）用以衡量低环境规制行业一旦面临高环境规制，产能利用率的变化情况。基于此，不同环境规制组的产能利用率的差异可以进行分解如下：

$$\begin{aligned} capacity^H - capacity^L &= (capacity^H - capacity^M) + (capacity^M - capacity^L) \\ &= \beta_H(X_H - X_L) + (\beta_H - \beta_L)X_L \end{aligned} \tag{8.5}$$

其中，$\beta_H(X_H - X_L)$ 为可解释部分，即高低环境规制差异引致企业进入、存续企业产能利用率提升与企业退出等路径而造成的加总产能利用率差异。$(\beta_H - \beta_L)X_L$ 为不可解释部分，是由于高低环境规制的内生差异所引致的加总产能利用率差异，在分析中作为其他因素处理。Blinder-Oaxaca 分解的结果如表 8.8 所示。为了进一步直观呈现分解结果，以表 8.8 为基础，相应饼状图绘制如图 8.4 所示。

结果表明，样本区间内，环境规制作用下各行业加总产能利用率的变化，由产能积累、产能升级、产能淘汰三条路径可以解释其中 53.66%。其中，产能升级的贡献度最大，占比为 41.46%；产能积累路径的贡献度次之，占比为 7.32%；产能淘汰路径的贡献度最小，占比为 4.88%。比较

表 8.8 环境规制作用下不同路径贡献度分解
——基于 Blinder-Oaxaca 分解

加总产能利用率	总差异	可解释部分			不可解释部分
路径分解	总体	产能积累	产能升级	产能淘汰	其他因素
贡献度系数	0.0041	0.0003	0.0017	0.0002	0.0019
贡献度占比（%）	100	7.32	41.46	4.88	46.34

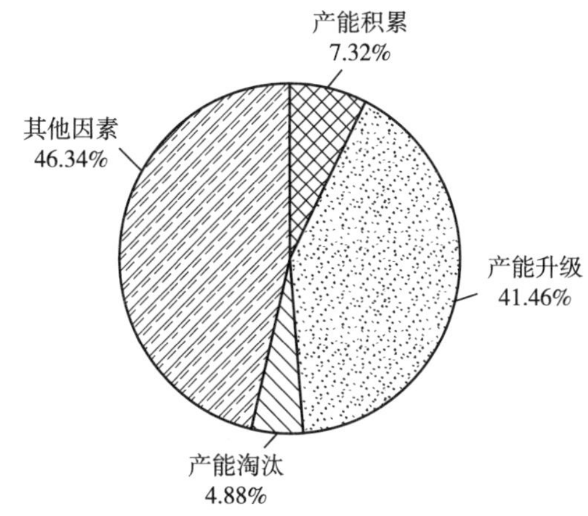

图 8.4 行业总体产能治理路径贡献度 Blinder-Oaxaca 分解

微观计量回归分析和 Blinder-Oaxaca 分解结果可知，微观计量回归分析认为产能积累、产能升级、产能淘汰三条产能治理路径的总贡献度达到 89.46%，然而 Blinder-Oaxaca 分解结果发现，上述产能治理路径的总贡献度只占 53.66%。由此可知，若不考虑环境规制与行业产能特征的内生特征问题，会高估环境规制作用下产能积累、产能升级、产能淘汰等产能治理路径的总贡献度。

第三节 本章小结

本章结合中国环境政策工具的现实状况，分别构建命令控制型、市场激励型与公众参与型政策工具，以检验政策工具异质性对产能过剩治理的影响，提高环境规制效应度量的系统化。此外，基于微观计量回归分析和 Blinder-Oaxaca 分解，客观评估了环境规制作用下产能积累、产能升级与产能淘汰等产能过剩不同治理路径的贡献占比，为进一步优化我国产能过剩治理模式提供参考。

第一节基于异质性环境政策对产能积累、产能升级、产能淘汰等不同治理路径的研究发现：命令控制型环境政策工具，通过降低企业进入概率与企业初始规模，抑制了新生产能积累，通过提高存续企业的产能利用率，提升了在位产能效率，通过加速“僵尸企业”和落后产能企业的市场退出，加速了落后产能淘汰；市场激励型环境政策工具，通过提高企业市场进入后的机会成本，抑制了企业的市场进入，然而在缩减企业初始规模方面效果并不显著，通过促进企业技术创新，提高了企业的产能效率，通过提高企业存续的生产成本，进而加速了“僵尸企业”和落后产能企业的市场退出；公众参与型环境政策工具，在一定程度上能够起到降低企业市场进入、加速“僵尸企业”和落后产能企业退出的作用，然而并没有起到缩减企业初始进入规模和改善企业产能效率的效果。

第二节根据企业产能利用率测算结果，按照年份对新进入企业、持续存活企业与退出企业之间产能利用率的差异进行初步比较发现，样本期间内，持续存活企业的产能利用率整体而言高于退出企业与新进入企业的产能利用率，并且呈下降趋势。基于微观计量回归分析工具和 Blinder-Oaxaca 分解的研究表明，环境规制提升在位产能效率是现阶段我国产能过剩治理的主要路径，环境规制抑制新生产能积累对现阶段我国产能过剩治理的贡献度次之，环境规制加速落后产能淘汰对现阶段我国产能过剩治理的贡献度较小。此外，若不考虑环境规制与行业产能特征的内生特征问题，会显著高估环境规制作用下产能积累、产能升级、产能淘汰等产能治理路径的总贡献度。

第九章　结论与政策启示

第一节　主要结论

本书试图从企业演化视角打开产能过剩治理的“黑箱”，通过构建“环境规制－企业演化－产能治理”的分析框架，依据企业演化阶段，从企业进入、企业存续与企业退出三个视角探究环境规制作用下产能积累、产能升级与产能淘汰问题。按照上述思路，从理论推导与经验分析层面，依次讨论了环境规制作用下企业的市场进入决策、效率提升决策、市场退出决策。本节将对核心章节的研究内容与结论进行简要的归纳与总结。

第四章为治理机制，在系统阐释环境规制对企业产能治理机理的基础上，依据企业动态演化阶段，分别构建企业进入、存续与退出的数理模型。在微观企业框架下，引入环境政策冲击，假定施加了较强的环境规制，污染型生产成本上升，企业演化过程中的每个决策，包括是否进入市场、产能效率提升、是否退出市场，都将受到环境规制的影响。从企业演化视角探究环境规制作用下产能过剩的治理机制。

第五章从企业进入视角，探究环境规制降低企业进入概率与缩小新进入企业初始规模的有效性。讨论了环境规制政策如何影响企业的市场进入情况，以及环境规制政策对新成立企业初始规模的影响。此外，以“清洁生产标准”的环境政策为例，进一步探究了环境政策冲击对企业市场进入的抑制效应。

第六章从企业存续视角，探究环境规制提升存续企业产能利用效率与改善产能利用率分布的有效性。一方面考察了环境规制政策如何影响存续企业的产能利用率，另一方面考虑了环境规制政策对行业内企业产能利用率分布的影响程度，分别从产能利用率提升与产能利用率分布视角讨论了环境规制作用下存续企业的产能过剩治理问题。

第七章从企业退出视角探究环境规制促使“僵尸企业”市场出清与落后产能企业退出的有效性。基于中国工业企业数据库，通过改进的FN方法对“僵尸企业”进行识别，基于测度的产能利用率界定落后产能企业，采用生存分析模型实证检验环境规制对“僵尸企业”与落后产能企业市场退出的影响。

第八章在理论机制与不同治理路径基础上，从环境政策异质性与产能治理路径贡献度进行了拓展。一方面，结合中国环境政策工具的现实状况，分别构建命令控制型、市场激励型与公众参与型政策工具，以检验政策工具异质性对产能过剩治理的影响，提高环境规制效应度量的系统化。另一方面，基于微观计量回归分析和Blinder-Oaxaca分解，客观评估了环境规制作用下产能积累、产能升级与产能淘汰等产能过剩不同治理路径的贡献占比，为进一步优化我国产能过剩治理模式提供参考。

通过上述章节的系统研究，得到主要结论如下。

第一，从企业市场进入而言，环境规制能够降低企业市场进入概率，进而抑制新生产能的积累。具体而言，环境规制在一定程度上会降低企业进入市场的概率，从总体上抑制产能的过度积累，促进产能过剩的治理。此外，环境规制对污染密集型企业市场进入的抑制作用强于清洁企业，即环境规制提高了清洁企业在市场的数量占比，有利于促进我国产能的清洁转型与结构升级。研究还发现，环境规制的“遵循成本效应”与“创新补偿效应”提高了企业的市场进入壁垒，是环境规制抑制产能过度积累的传导路径。

第二，从进入企业初始规模而言，环境规制强度提高将缩小进入企业的初始规模，进而抑制产能的过度积累。具体而言，环境规制政策能够通过降低企业进入的初始规模，进而实现产能过剩的治理。此外，环境规制对污染密集型企业与清洁型企业初始规模的影响存在不对称性，即环境规制对污染密集型企业初始规模的影响效应更强，在一定程度上驱动了我国产能结构朝着绿色减排方向发展，在企业进入阶段促进了我国产能积累的清洁转型。影响机制表明，在企业进入阶段，环境规制主要通过提高企业生产成本缩小新进入企业的初始规模，即“遵循成本效应”占主导。

第三，从存续企业产能效率而言，环境规制能够提升企业的产能利用率，进而促进产能效率的提升。具体而言，环境规制强度增加有利于促进企业产能利用率的提升，即环境规制政策能够通过提高存续企业产能利用率进而实现产能过剩的治理。此外，环境规制对不同污染强度企业的产能利用率均存在正向影响，并且对污染密集行业产能利用率的促进作用更强。对于污染密集型企业而言，环境规制影响存续企业产能利用率的“遵循成本效应”与“创新补偿效应”同样显著。对于清洁型企业而言，环境规制对存续企业产能利用率的影响机制仅存在“创新补偿效应”，“遵循成本效应”则并不显著。

第四，从存续企业的产能分布而言，环境规制能够改善存续企业的产能效率分布，进而促进在位产能的升级。具体而言，环境规制降低了行业产能利用率离散度，从总体上缩小了行业内存续企业间产能利用率的差距，进而改善了行业资源配置。此外，随着环境规制的加强，污染密集行业内存续企业产能利用率的分布更加均匀，而环境规制对于清洁行业内存续企业产能利用率分布的影响则并不明显，即环境规制对于污染密集行业与清洁行业产能利用率分布的影响存在不对称性。

第五，从“僵尸企业”退出而言，环境规制能够促进“僵尸企业”市场出清，进而加速落后产能淘汰。具体而言，环境规制强度的提高增加了“僵尸企业”市场退出概率，并且对于污染密集型“僵尸企业”退出存在更加显著的促进作用。研究还发现，环境规制通过提高企业生产成本与激励企业技术创新两种途径加速“僵尸企业”退出，最终实现产能过剩治理的目标。此外，环境规制对污染密集型“僵尸企业”退出的促进作用是通过“遵循成本效应”与“创新补偿效应”实现的，对于清洁型企业而言，环境规制对“僵尸企业”退出的影响机制则仅存在“创新补偿效应”。

第六，从落后产能企业退出而言，环境规制能够促进落后产能企业市场退出，进而加速落后产能淘汰。具体而言，环境规制能够提高落后产能企业退出市场的概率，实现落后产能淘汰。基于企业层面环境规制替代指标、克服内生性与采用清洁生产行业目录的环境政策冲击等稳健性分析均表明，环境规制变量系数的符号、显著性与基准结论一致，环境规制强度的提高能够增加落后产能企业退出市场的概率。在引入污染强度与外部市场需求等因素后，环境规制促进落后产能企业退出的结论仍成立，并且环境规制对于污染密集型与内销型落后产能企业市场退出的影响效果更加明显。

第七，不同环境政策工具在产能积累、产能升级、产能淘汰等不同产能过剩治理路径存在异质性影响。具体而言，命令控制型环境政策工具，通过降低企业进入概率与企业初始规模，抑制了新生产能积累，通过提高存续企业的产能利用率，提升了在位产能效率，通过加速“僵尸企业”和落后产能企业的市场退出，加速了产能淘汰；市场激励型环境政策工具，抑制了企业的市场进入，然而在缩减企业初始规模方面效果并不显著，通过促进企业技术创新，提高了企业的产能效率，并通过提高企业存续的生产成本，加速了“僵尸企业”和落后产能企业的市场退出；公众参与型环境政策工具，在一定程度上能够降低企业市场进入、加速“僵尸企业”和落后产能企业退出的作用，然而并未起到缩减企业初始进入规模和改善企业产能效率的效果。

第八，环境规制提升在位产能效率是现阶段我国产能过剩治理的主要路径，贡献度最大，环境规制抑制新生产能积累对现阶段我国产能过剩治理的贡献度次之，环境规制加速落后产能淘汰对现阶段我国产能过剩治理的贡献度较小。此外，若不考虑环境规制与行业产能特征的内生特征问题，会显著高估环境规制作用下产能积累、产能升级、产能淘汰等产能治理路径的总贡献度。

第二节　政策启示

随着中国经济的高速增长，各种环境问题和产能过剩问题逐渐凸显，牺牲环境与资源的粗放型经济增长模式已经不再适用于当前的中国。在今后很长一段时间内，实现绿色转型与产能过剩治理的可持续发展成为中国政府制定各项政策的主要目标。因此，根据本书的研究结论，构建环境保护与产能治理双赢的政策制度框架，可以从政策目标、政策体系和政策执行三方面着手。政策目标是一切的基础，具体的政策体系是实现政策目标的支撑，而只有有效的政策执行才可以保证政策的实施效果。本书分析环境规制作用下我国工业企业产能过剩的治理问题，有利于探索环境保护与产能治理双赢的发展机制，以期为政策制定者提供具有参考价值的启示与建议。

一、结合我国现状，逐步提高环境规制强度

首先，通过环境政策将污染成本内部化，以市场机制方式实现产能过剩治理。环境规制政策能够通过建立反映环境稀缺程度的价格制度，充分

发挥市场在资源配置中的决定性作用，从源头防范和淘汰不符合环境标准的过剩产能。政府相关部门应当对污染性生产行为征收环境税，明晰环境产权，落实企业环境责任，从根本上更正地方政府的短视行为，就环境治理的目标达成协同规制的共识，倒逼地方政府为企业发展做“减法”，抑制新生企业进入、提高在位企业效率、加速落后产能企业与“僵尸企业”退出，最终以环境治理倒逼供给侧结构性改革下我国产能过剩的治理。

其次，健全环境规制体系，强化环境监控能力，完善环境保护法律法规，实现“遵循成本效应”在环境与产能治理过程中的重要作用。健全环境治理监控体系，有必要提高企业违法排污成本，加大环境违法惩治力度，保障环境政策的有效实施；落实全面公示制度，增加相关利益群体之间的透明度，提高环境规制的执法力度，将环境政策落实到位；进一步发展我国碳排放交易市场，发挥市场化规制工具的优势。

最后，环境规制强度不宜大幅提升，应当逐步加强。现阶段较弱的环境规制仍是我国经济发展与部分行业比较优势的重要来源，若轻易大幅提高环境规制水平，部分存续企业与新进入企业会受到严重冲击，不利于我国经济的可持续发展。在进行环境规制的同时，政府部门可以考虑给予一定的政策扶持。通过研究可知，环境规制水平的提高，会增加我国污染密集型企业固定生产成本，同时加剧清洁型企业的竞争环境，使得我国存续企业生产受到严重冲击，因此适当的优惠扶持政策将有利于促进我国企业的绿色转型与产能化解，最终实现可持续发展。

二、制定政策组合，完善环境规制政策体系

首先，完善环境规制工具，优化环境政策体系。政府部门在提高环境规制强度的过程中，要采用多种环境政策工具并举，加快中国工业企业的绿色转型与经济的可持续发展。由于不同的环境规制政策工具具有不同的特点，有必要从每种政策工具的特点着手，注重环境政策工具的有效性。对于强制性的命令控制型手段，相关的法律、法规和标准是其有效执行的保障，因此，必须健全相关法律、法规和标准，加强执行过程中的监督体系，以防止政府失灵。此外，对于市场激励型工具，要深化环境税费改革，不断完善环境税收政策，达到外部效应内部化的效果，在兼顾经济效应的同时激励企业生产过程更加绿色、环保；同时，完善排污权交易制度，使得政府主导的庇古手段和市场主导的科斯手段共同发挥作用。

其次，完善环境政策顶层设计，从源头防范和淘汰过剩产能。应当进

一步完善环境政策的机制设计，为环境政策的立法与执法提供基础保障，要求相关行业执行分类别、可量化的污染排放标准，提高企业市场进入的环境标准，对于未能达到环保与能耗基本要求的产能，严禁其生产经营。此外，注重环境效应评价制度建设，完善生态质量和环境影响的检测，加大企业的环境监督与惩治力度，通过倒逼机制，加速“僵尸企业”与落后产能企业退出市场，警惕“僵尸企业”与落后产能卷土重来，从而实现企业产能过剩的有效治理。

最后，实施环境政策工具箱，充分利用各种类型环境政策工具，以最大限度地发挥环境政策的调控作用。宏观层面，要将命令控制型与市场激励型环境规制政策有机结合，让企业在面临行政措施的“硬约束”压力下，可以自主选择适应经济激励型的“软约束”政策，从而促进企业自发实施产能过剩治理行为。微观层面，降低社会公众环境监督的成本，为公众更加便捷地参与环境治理提供良好的制度环境，动员公众全面深入地参与环保事务，共同推动立体化环境治理体系的构建。

三、针对企业特点，实施差别化的环境政策

首先，提高环境规制实施的针对性。当前我国不同区域、不同行业的企业受到环境规制影响会存在很大的差异，在制定政策时，有必要将不同区域与行业特征纳入考虑范畴。只有因地制宜，制定更有针对性的实施细则，针对不同污染强度的企业实施差异化的政策调控，才能保证政策实施的有效性。对于高污染、高能耗存续企业，加大环境规制力度，通过行政命令限制企业污染排放，提高企业违规排放的成本，淘汰部分落后污染产能。针对部分清洁型存续企业，适当给予政策扶持，通过激励其技术创新，提高企业产能利用率，最终实现产能升级与落后产能淘汰，促进经济的健康持续增长。

其次，环境规制政策制定与实施时，需要考虑企业的内在经营能力，以发挥其化解产能过剩的推动作用。不同的企业具有不同的属性，切不可实施环境政策“一刀切”，否则很难在治理环境、化解产能过剩的基础上兼顾企业的经济效益。对于规模较小的企业，其生产经营更加灵活，但其应对环境政策冲击的能力较弱，要想使小企业走上可持续发展的道路，有必要给予适当的金融资金支持，使之在环境治理过程中实现企业的转型。对于规模较大特别是国有企业而言，有必要进一步推进深化改革，转变其内部的僵化体制，促进国有企业的资源配置效率。综

上所述，在环境规制实施过程中，不同企业可能面对不同的问题，有必要因地制宜，把环境治理工作不断细化，最终实现环境友好和产能治理的“双赢”发展之路。

最后，针对不同行业的属性以及区域间环境政策的策略互动，为了防止污染转移，有必要制定异质性环境规制政策。由于环境规制的不同，发达地区污染企业可能会面临更高的环境成本，使得企业向周边地区迁移以寻求“污染避难所”，造成污染产业向欠发达地区转移。然而，污染转移并未从根本上解决环境问题和产能过剩问题。因此，政府在制定环境规制政策时，应该根据企业的不同污染密集度属性，采取不同的环境规制政策。一方面，提高污染企业的迁移成本，激励污染密集型企业走向绿色的可持续发展道路；另一方面，大力扶持清洁型企业的发展，鼓励清洁型企业的研发与创新，强化区域内与区域间的产业互补，促进产能过剩治理与经济高质量发展。

四、优化市场结构，倒逼我国产能过剩治理

首先，调整经济增长方式，逐步向绿色发展方式转变。市场结构优化是我国实施资源集约型与环境友好型发展战略的重要环节，我国应当改变过去高污染、高能耗粗放型经济扩张方式，以扭转我国经济增长的能源、资源环境逆差态势，促进产能过剩的治理。一方面，通过环境政策鼓励更多清洁型企业进入市场，多样化企业产品以增强国际竞争力；另一方面，通过环境规制，促进污染密集型企业集中生产核心产品，以实现生产方式调整与技术创新。

其次，优化能源结构、提高能源效率，环境政策、气候政策与能源政策相互协调。在实施环境规制政策时，政府可以根据不同行业经济潜力和节能潜力的差别来控制各行业的能源消费总量。此外，政府还要继续推进经济结构和产业结构的调整，尤其是高能耗行业，提高工业企业的生产技术和能源利用效率，加强污染物的协同治理效应，为实现清洁、低碳、高效的发展目标奠定基础。

最后，鼓励企业加大研发与创新投入，建立创新机制，积极发挥“创新补偿效应”在环境与产能治理过程中的重要作用。在创新驱动战略的背景下，各地政府部门应当通过优惠政策支持企业引进科技创新人才，实现绿色创新与产品升级，使得企业生产更好地满足环境标准与消费者的环保需求。另外，完善地区知识产权保护制度，降低企业研发创新成本，为企

业创新活动提供良好的环境。

五、转变治理模式，分类实施产能过剩治理

首先，转变治理模式，由主要依赖末端治理控制污染排放的惯性思维，转变为前端减少污染物产生与末端进行污染物去除并重。在企业进入、企业存续与企业退出的不同阶段，以环境规制为切入，提高企业生产效率，实现绿色生产。不仅要提高环境规制严厉性，还要注重提高政策的灵活性和稳定性，这样才能促进企业进行末端治理的同时，充分发挥前端管控的重要作用，保证前端减少污染物产生与末端进行污染物去除并重。此外，同时从能源结构等方面进行调整，使得企业前端治理的功效得以有效发挥。

其次，依据产能过剩成因的不同，分类实施产能过剩治理。如果产能过剩由市场原因引致，并且企业自身生产效率较高，那么对这类企业执行强制性环境与产能治理措施，可能效果不佳，易造成对于企业经营绩效的负面影响，有必要通过市场力量进行调节；如果过剩产能由市场原因导致且企业自身生产效率较低，或者过剩产能由非市场因素引致且企业经营绩效较好、占用地方财政资源较少，那么可以实施温和的环境规制与产能管治政策，引导企业逐步压缩过剩产能；但是，对于那些依赖财政补贴的“僵尸企业”与落后产能企业，有必要执行更加严格的环境规制与产能管治政策，通过提高环保标准、限制产量规模、减少政府补贴等方式，压缩这类企业的产能并引导其有序退出市场。

最后，结合中国不同地区特征，构建区域环境规制与产能治理的协同发展机制。一方面，政府应全面考量本地及邻近地区的环境规制形式及力度，产能过剩行业与产能过剩程度，建立区域协同治理体系，提高政策调控的有效性；另一方面，建立各地区的共同治理组织，切实增进地区间环境与产能治理行动的沟通与交流，加强政府间和部门间相关事宜的协调，保障区域环境与产能共同治理的有序推进。

参考文献

[1] 白让让．竞争驱动、政策干预与产能扩张：兼论“潮涌现象”的微观机制［J］．经济研究，2016（11）：56－69.

[2] 董敏杰，梁泳梅，张其仔．中国工业产能利用率：行业比较、地区差距及影响因素［J］．经济研究，2015（1）：84－98.

[3] 杜龙政，赵云辉，陶克涛，林伟芬．环境规制、治理转型对绿色竞争力提升的复合效应：基于中国工业的经验证据［J］．经济研究，2019（10）：106－120.

[4] 杜威剑．环境规制、企业异质性与国有企业过剩产能治理［J］．产业经济研究，2018（6）：102－114.

[5] 樊茂清．中国产业部门产能利用率的测度以及影响因素研究［J］．世界经济，2017（9）：3－26.

[6] 傅京燕，李丽莎．环境规制、要素禀赋与产业国际竞争力的实证研究：基于中国制造业的面板数据［J］．管理世界，2010（10）：87－98，187.

[7] 韩超，桑瑞聪．环境规制约束下的企业产品转换与产品质量提升［J］．中国工业经济，2018（2）：43－62.

[8] 韩国高，高铁梅，王立国，齐鹰飞，王晓姝．中国制造业产能过剩的测度、波动及成因研究［J］．经济研究，2011（12）：18－31.

[9] 洪银兴．完善产权制度和要素市场化配置机制研究［J］．中国工业经济，2018（6）：5－14.

[10] 侯方宇，杨瑞龙．新型政商关系、产业政策与投资“潮涌现象”治理［J］．中国工业经济，2018（5）：62－79.

[11] 黄少卿，陈彦．中国僵尸企业的分布特征与分类处置［J］．中国工业经济，2017（3）：24－43.

[12] 黄志基，贺灿飞，杨帆，周沂．中国环境规制、地理区位与企业生产率增长 [J]. 地理学报，2015 (10)：1581 - 1591.

[13] 贾康，苏京春．论供给侧改革 [J]. 管理世界，2016 (3)：1 - 24.

[14] 李虹，邹庆．环境规制、资源禀赋与城市产业转型研究：基于资源型城市与非资源型城市的对比分析 [J]. 经济研究，2018 (11)：182 - 198.

[15] 李青原，肖泽华．异质性环境规制工具与企业绿色创新激励：来自上市企业绿色专利的证据 [J]. 经济研究，2020 (09)：192 - 208.

[16] 李胜兰，初善冰，申晨．地方政府竞争、环境规制与区域生态效率 [J]. 世界经济，2014 (4)：88 - 110.

[17] 林毅夫，巫和懋，邢亦青．"潮涌现象"与产能过剩的形成机制 [J]. 经济研究，2010 (10)：4 - 19.

[18] 刘斌，王乃嘉．制造业投入服务化与企业出口的二元边际：基于中国微观企业数据的经验研究 [J]. 中国工业经济，2016 (9)：59 - 74.

[19] 刘悦，周默涵．环境规制是否会妨碍企业竞争力：基于异质性企业的理论分析 [J]. 世界经济，2018 (4)：150 - 167.

[20] 龙小宁，万威．环境规制、企业利润率与合规成本规模异质性 [J]. 中国工业经济，2017 (6)：155 - 174.

[21] 马红旗，黄桂田，王韧，申广军．我国钢铁企业产能过剩的成因及所有制差异分析 [J]. 经济研究，2018 (3)：94 - 109.

[22] 马红旗，申广军．产能过剩与全要素生产率的估算：基于中国钢铁企业的分析 [J]. 世界经济，2020 (8)：170 - 192.

[23] 聂辉华，江艇，杨汝岱．中国工业企业数据库的使用现状和潜在问题 [J]. 世界经济，2012 (5)：142 - 158.

[24] 齐绍洲，林屾，崔静波．环境权益交易市场能否诱发绿色创新?：基于我国上市公司绿色专利数据的证据 [J]. 经济研究，2018 (12)：129 - 143.

[25] 沈坤荣，周力．地方政府竞争、垂直型环境规制与污染回流效应 [J]. 经济研究，2020 (3)：35 - 49.

[26] 宋马林，王舒鸿．环境规制、技术进步与经济增长 [J]. 经济

研究，2013（3）：122－134.

［27］汤维祺，吴力波，钱浩祺．从“污染天堂”到绿色增长：区域间高耗能产业转移的调控机制研究［J］．经济研究，2016（6）：58－70.

［28］田光辉，苗长虹，胡志强，苗健铭．环境规制、地方保护与中国污染密集型产业布局［J］．地理学报，2018（10）：1954－1969.

［29］童健，刘伟，薛景．环境规制、要素投入结构与工业行业转型升级［J］．经济研究，2016（7）：43－57.

［30］王文甫，明娟，岳超云．企业规模、地方政府干预与产能过剩［J］．管理世界，2014（10）：17－36，46.

［31］吴利学，刘诚．项目匹配与中国产能过剩［J］．经济研究，2018（10）：67－81.

［32］徐保昌，谢建国．排污征费如何影响企业生产率：来自中国制造业企业的证据［J］．世界经济，2016（8）：143－168.

［33］徐朝阳，周念利．市场结构内生变迁与产能过剩治理［J］．经济研究，2015（2）：75－87.

［34］杨剑侠，张杰．产能限制下纵向持股的上游企业竞争与产能投资效应研究［J］．世界经济，2020（9）：122－146.

［35］易靖韬，蒙双．多产品出口企业、生产率与产品范围研究［J］．管理世界，2017（5）：41－50.

［36］余淼杰，金洋，张睿．工业企业产能利用率衡量与生产率估算［J］．经济研究，2018（5）：56－71.

［37］原毅军，谢荣辉．环境规制的产业结构调整效应研究：基于中国省际面板数据的实证检验［J］．中国工业经济，2014（8）：57－69.

［38］张成，陆旸，郭路，于同申．环境规制强度和生产技术进步［J］．经济研究，2011（2）：113－124.

［39］张会清，唐海燕．人民币升值、企业行为与出口贸易：基于大样本企业数据的实证研究：2005—2009［J］．管理世界，2012（12）：23－34.

［40］张少华，蒋伟杰．中国的产能过剩：程度测算与行业分布［J］．经济研究，2017（1）：89－102.

[41] 中国企业家调查系统．企业经营者对宏观经济形势及改革热点的判断、评价和建议：2009 年中国企业经营者问卷跟踪调查报告 [J]. 管理世界，2007 (12)：79 -91.

[42] 钟春平，潘黎．"产能过剩"的误区：产能利用率及产能过剩的进展、争议及现实判断 [J]. 经济学动态，2014 (3)：35 -47.

[43] 朱希伟，沈璐敏，吴意云，罗德明．产能过剩异质性的形成机理 [J]. 中国工业经济，2017 (8)：44 -62.

[44] Ackerberg D A, Caves K, Frazer G. Identification properties of recent production function estimators [J]. Econometrica, 2015, 83 (6): 2411 -2451.

[45] Agnello L, Castro V, Jalles J T, Sousa R M. Do debt crises boost financial reforms? [J]. Applied Economics Letters, 2015, 22 (5): 356 -360.

[46] Akbostanci E, Tun G I, T-Asik S T R. Pollution haven hypothesis and the role of dirty industries in Turkey's exports [J]. Environment and Development Economics, 2007, 12 (2): 297 -322.

[47] Ambec S, Cohen M A, Elgie S, Lanoie P. The Porter hypothesis at 20: Can environmental regulation enhance innovation and competitiveness? [J] Review of Environmental Economics and Policy, 2013, 7 (1): 2 -22.

[48] Arcidiacono P, Miller R A. Conditional choice probability estimation of dynamic discrete choice models with unobserved heterogeneity [J]. Econometrica, 2011, 79 (6): 1823 -1867.

[49] Becker R A, Pasurka C, Shadbegian R J. Do environmental regulations disproportionately affect small businesses? Evidence from the pollution abatement costs and expenditures survey [J]. Journal of Environmental Economics and Management, 2013, 66 (3): 523 -538.

[50] Berndt E R, Morrison C J. Capacity utilization measures: Underlying economic theory and an alternative approach [J]. American Economic Review, 1981, 71 (2): 48 -52.

[51] Bi G B, Song W, Zhou P, Liang L. Does environmental regulation affect energy efficiency in China's thermal power generation? Empiri-

cal evidence from a slacks-based dea model [J]. Energy Policy, 2014, 66: 537-546.

[52] Biswas A K, Thum M. Corruption, environmental regulation and market entry [J]. Environment and Development Economics, 2017, 22 (1): 66-83.

[53] Bodin O. Collaborative environmental governance: Achieving collective action in social-ecological systems [J]. Science, 2017, 357 (6352): 1114.

[54] Brandt L, Van Biesebroeck J, Zhang Y. Creative accounting or creative destruction? Firm-level productivity growth in Chinese manufacturing [J]. Journal of Development Economics, 2012, 97 (2): 339-351.

[55] Caballero R J, Hoshi T, Kashyap A K. Zombie lending and depressed restructuring in Japan [J]. American Economic Review, 2008, 98 (5): 1943-1977.

[56] Caldera A. Innovation and exporting: Evidence from Spanish manufacturing firms [J]. Review of World Economics, 2010, 146: 657-689.

[57] Chatterjee A, Dix-Carneiro R, Vichyanond J. Multi-product firms and exchange rate fluctuations [J]. American Economic Journal, 2013, (2): 77-110.

[58] Cheng Z H, Li L S, Liu J. The emissions reduction effect and technical progress effect of environmental regulation policy tools [J]. Journal of Cleaner Production, 2017, 149: 191-205.

[59] Chen Z M, Liu Y, Qin P, Zhang B, Lester L, Chen G H, Guo Y M, Zheng X Y. Environmental externality of coal use in China: Welfare effect and tax regulation [J]. Applied Energy, 2015, 156: 16-31.

[60] Coase R H. The Problem of Social Cost [M]. University of Toronto Press, 1972.

[61] Cole M A, Elliott R J R. Determining the trade-environment composition effect: The role of capital, labor and environmental regulations [J]. Journal of Environmental Economics and Management,

2003, 46 (3): 363 – 383.

[62] Copeland B R, Taylor M S. North-south trade and the environment [J]. The Quarterly Journal of Economics, 1994, 109 (3): 755 – 787.

[63] Copeland M A. The theory of monopolistic competition [J]. Journal of Political Economy, 1934, 42: 531 – 531.

[64] Du W J, Li M J. Can environmental regulation promote the governance of excess capacity in China's energy sector? The market exit of zombie enterprises [J]. Journal of Cleaner Production, 2019, 207: 306 – 316.

[65] Du W, Wang F, Li M. Effects of environmental regulation on capacity utilization: Evidence from energy enterprises in China [J]. Ecological Indicators, 2020, 113: 106217.

[66] Efendic A, Pugh G, Adnett N. Institutions and economic performance: A meta-regression analysis [J]. European Journal of Political Economy, 2011, 27 (3): 586 – 599.

[67] Elrod A A, Malik A S. The effect of environmental regulation on plant-level product mix: A study of EPA's cluster rule [J]. Journal of Environmental Economics and Management, 2017 (3): 164 – 184.

[68] Espinola A, Munoz F. Profit-enhancing environmental policy: Uninformed regulation in an entry-deterrence model [J]. Journal of Regulatory Economics, 2016, 50 (2): 146 – 163.

[69] Fare R, Grosskopf S, Kokkelenberg E C. Measuring plant capacity, utilization and technical change: A nonparametric approach [J]. International Economic Review, 1989, 30 (3): 655 – 666.

[70] Fukuda S, Nakamura J. Why did 'zombie' firms recover in Japan? [J]. The World Economy, 2011, 34 (7): 1124 – 1137.

[71] Goldstein B D, Hudak J M. Comparison of the role of property rights in right wing and left wing American and European environmental policy deliberations [J]. Environmental Science & Policy, 2017, 68: 28 – 34.

[72] Greenidge K, McIntyre M A, Hanlei Y. Structural reform and growth: What really matters? [J]. Evidence from the Caribbe-

an. International Monetary Fund, 2016.

[73] Greenstone M, Hanna R. Environmental regulations, air and water pollution, and infant mortality in India [J]. American Economic Review, 2014, 104 (10): 3038 - 3072.

[74] Greenwood J, Hercowitz Z, Huffman G W. Investment, capacity utilization, and the real business cycle [J]. American Economic Review, 1998, 78 (3): 402 - 417.

[75] Harstad B. Environmental markets: A property rights approach [J]. Journal of Economic Literature, 2015, 53 (3): 683 - 685.

[76] Imai K. A panel study of zombie SMEs in Japan: Identification, borrowing and investment behavior [J]. Journal of the Japanese & International Economies, 2016, 39: 91 - 107.

[77] Jaffe A B, Palmer K. Environmental regulation and innovation: A panel data study [J]. The Review of Economics and Statistics, 1997, 79 (4): 610 - 619.

[78] Ji X, Li G, Wang Z H. Impact of emission regulation policies on chinese power firms' reusable environmental investments and sustainable operations [J]. Energy Policy, 2017, 108: 163 - 177.

[79] Jorgenson D W, Wilcoxen P J. Environmental regulation and U. S. economic growth [J]. The RAND Journal of Economics, 1990, 21 (2): 314 - 340.

[80] Kamien M I, Schwartz N L. Uncertain entry and excess capacity [J]. American Economic Review, 1972, 62 (5): 918 - 927.

[81] Kane E J. Dangers of capital forbearance: The case of the fslic and "zombie" S&Ls [J]. Contemporary Economic Policy, 1987, 5 (1): 77 - 83.

[82] Lanoie P, Patry M, Lajeunesse R. Environmental regulation and productivity: Testing the Porter hypothesis [J]. Journal of Productivity Analysis, 2008, 30: 121 - 128.

[83] Levinson A. Environmental regulations and manufacturers' location choices: Evidence from the census of manufactures [J]. Journal of Public Economics, 1996, 62: 5 - 29.

[84] Lu Y, Yu L. Trade liberalization and markup dispersion: Evidence

from China's WTO accession [J]. American Economic Journal: Applied Economics, 2015, 7 (4): 221 -253.

[85] Mani M, Wheeler D. In search of pollution havens? Dirty industry in the world economy, 1960—1995 [J]. The Journal of Environment & Development: A Review of International Policy, 1998, 7 (3): 215 -247.

[86] Mayer T, Melitz M J, Ottaviano G I P. Market size, competition, and the product mix of exporters [J]. American Economic Review, 2014 (2): 495 -536.

[87] Millimet D L, Roy J. Empirical tests of the pollution haven hypothesis when environmental regulation is endogenous [J]. Journal of Applied Econometrics, 2016, 31 (4): 652 -677.

[88] Moret S, Babonneau F, Bierlaire M, Marechal F. Overcapacity in European power systems: Analysis and robust optimization approach [J]. Applied Energy, 2020, 259: 12.

[89] Muthukumara M, David W. In search of pollution havens? Dirty industry in the world economy, 1960 to 1995 [J]. The Journal of Environment & Development, 1998, 7: 215 -247.

[90] Namini J E, Facchini G, López R A. Export growth and firm survival [J]. Economics Letters, 2013, 120 (3): 481 -486.

[91] Njuki E, Bravo B E. The economic costs of environmental regulation in us dairy farming: A directional distance function approach [J]. American Journal of Agricultural Economics, 2015, 97 (4): 1087 -1106.

[92] Ollivier H. North-south trade and heterogeneous damages from local and global pollution [J]. Environmental & Resource Economics, 2016, 65 (2): 337 -355.

[93] Pan X F, Ai B W, Li C Y, Pan X Y, Yan Y B. Dynamic relationship among environmental regulation, technological innovation and energy efficiency based on large scale provincial panel data in China [J]. Technological Forecasting and Social Change, 2019, 144: 428 -435.

[94] Personas V D, Sánchez L E G, Schalock R L. Monopolistic compe-

tition and optimum product diversity [J]. American Economic Review, 1992, 67 (3): 297-308.

[95] Pigou A C. The Economics of Welfare [M]. Macmillan and Co., London, 1920.

[96] Porter M E, van der Linde C. Toward a new conception of the environment-competitiveness relationship [J]. Journal of Economic Perspectives, 1995, 9 (4): 97-118.

[97] Rivera J, Oh C H. Environmental regulations and multinational corporations' foreign market entry investments [J]. Policy Studies Journal, 2013, 41 (2): 243-272.

[98] Roberts M J, Tybout J R. The decision to export in Colombia: An empirical model of entry with sunk costs [J]. American Economic Review, 1997, 87 (4): 545-564.

[99] Song J N, Wang B, Fang K, Yang W. Unraveling economic and environmental implications of cutting overcapacity of industries: A city-level empirical simulation with input-output approach [J]. Journal of Cleaner Production, 2019, 222: 722-732.

[100] Wang D L, Wan K D, Song X F. Quota allocation of coal overcapacity reduction among provinces in China [J]. Energy Policy, 2018, 116: 170-181.

[101] Wu J W, Wei Y D, Chen W, Yuan F. Environmental regulations and redistribution of polluting industries in transitional China: Understanding regional and industrial differences [J]. Journal of Cleaner Production, 2019, 206: 142-155.

[102] Yang Q, Hou X C, Han J S, Zhang L. The drivers of coal overcapacity in China: An empirical study based on the quantitative decomposition [J]. Resources Conservation and Recycling, 2019, 141: 123-132.

[103] You D M, Zhang Y, Yuan B L. Environmental regulation and firm eco-innovation: Evidence of moderating effects of fiscal decentralization and political competition from listed Chinese industrial companies [J]. Journal of Cleaner Production, 2019, 207: 1072-1083.

[104] Yu M. Processing trade, tariff reductions and firm productivity: Evidence from Chinese firms [J]. The Economic Journal, 2015, 125 (585): 943 - 988.

[105] Zhang Y F, Zhang M, Liu Y, Nie R. Enterprise investment, local government intervention and coal overcapacity: The case of China [J]. Energy Policy, 2017, 101: 162 - 169.

[106] Zhao X L, Yin H T, Zhao Y. Impact of environmental regulations on the efficiency and CO_2 emissions of power plants in China [J]. Applied Energy, 2015, 149: 238 - 247.

[107] Zhao X L, Zhang S F, Fan C Y. Environmental externality and inequality in China: Current status and future choices [J]. Environmental Pollution, 2014, 190: 176 - 179.

图书在版编目（CIP）数据

环境规制作用下我国工业企业的产能过剩治理研究/
杜威剑著．—北京：经济科学出版社，2022.3
国家社科基金后期资助项目
ISBN 978－7－5218－2961－7

Ⅰ.①环… Ⅱ.①杜… Ⅲ.①环境规划－作用－工业
企业－生产过剩－研究－中国 Ⅳ.①F426.21

中国版本图书馆 CIP 数据核字（2021）第 208456 号

责任编辑：程辛宁
责任校对：易　超　王苗苗
责任印制：张佳裕

环境规制作用下我国工业企业的产能过剩治理研究
杜威剑　著
经济科学出版社出版、发行　新华书店经销
社址：北京市海淀区阜成路甲 28 号　邮编：100142
总编部电话：010－88191217　发行部电话：010－88191522
网址：www.esp.com.cn
电子邮箱：esp@esp.com.cn
天猫网店：经济科学出版社旗舰店
网址：http://jjkxcbs.tmall.com
固安华明印业有限公司印装
710×1000　16 开　8.5 印张　150000 字
2022 年 3 月第 1 版　2022 年 3 月第 1 次印刷
ISBN 978－7－5218－2961－7　定价：58.00 元
（图书出现印装问题，本社负责调换。电话：010－88191510）